"カナダ式"で幸福度も資産も増え続ける!

Happiness and assets continue to increase with the "Canadian way"!

いつのまにか億り人になれる

SUPER MONEY HACKS

超マネーハック

that will make you a millionaire before you know it

品田一世 ISSEI SHINADA

KADOKAWA

はじめに

「億り人？　自分とは無縁の世界だな……」

「どうせ、誰にも真似できないような方法が書かれているんでしょ」

本書を今、手に取られた方はそう思ったかもしれません。

私も、かつてはそのように思っていました。

金融の仕事に15年携わり、約1000人のクライアントと向き合った今、それは全くの間違いだったと断言できます。

特にカナダにきて12年経ち、その思いを日に日に強くしています。本書では、私がカナダで見つけた**「自分が毎日の生活に幸せを感じながら、いつのまにか億り人（株式投資などで資産1億円を築いた人）になる秘訣《ひけつ》」**をお伝えします。

「なんでみんなこんなに疲れた顔をしているのだろう」

日本に帰国するたびに、私はこうした違和感を抱きます。

私は日本で生まれ育ち、大学卒業後、日本の大手証券会社で働いていました。職場の人間関係には恵まれていましたが、年功序列の働き方が嫌になり、海外にわたりました。ニューヨーク工科大学でMBAを取得後、世界トップクラスの金融機関であるロイヤル・バンク・オブ・カナダに転職し、12年前にカナダに移り住みました。早期リタイアプランナーとして働き、今は独立しています。カナダとマレーシアで2拠点生活を送りながら、ファイナンシャルアドバイザーとして働いています。「イッセイ」の名称でTwitter（現X）で発信も行っています。

海外生活が長くなると、日本の四季やご飯のおいしさ、日本人ならではの倫理観など良いところも見えてきますが、同時にネガティブな面も日本にいたときよりも強く感じるようになります。

カナダでは職場でもプライベートの友人もみんなニコニコしています。街を歩いている人も機嫌良い人が多い印象です。

みんな、幸せそうです。

実際、カナダは幸福度の高さで知られています。**国連の幸福度調査では英語圏の国としては上位に位置し、アメリカのUSニューズ&ワールド・レポートの「最高の国」ランキングでは、英語圏の国でトップです。**

また、民間のさまざまな「世界で住みやすい街」ランキングでもトロントや私が住んだバンクーバーはトップ5の常連です。

経済的な豊かさはもちろん、医療費が無料など社会的支援も手厚いことで知られています。そして何よりも、**カナダ人は周りを気にせず、自分の人生を歩めている**ことが幸せにつながっていると私は感じています。

カナダが移民国家なのはみなさんもご存じでしょう。特にバンクーバーに住む人は肌の色も違えば、宗教も違います。性的指向もさまざまです。

そこでは人の目を気にせず、自分の人生を選択し、謳歌《おうか》するのが当たり前です。一人ひとりが自分の生き方を持っています。

帰国した際に日本で書店に行くと、「いかにして金持ちになるか」という本が所狭しと並んでいます。

確かに、生きていく上ではお金は必要です。ただ、私がみなさんに聞きたいのは「お金持ちになってどうしたいのですか」ということです。

もちろん、中にはアラブの富豪のような生活を送りたいという人もいるでしょう。ただ、そうした贅沢三昧《ぜいたくざんまい》の生活を送りたいのでなければ、そこまでお金はかかりません。


「よくわからないけれどもお金が欲しい」

「お金をとにかくためなくてはいけない」

そんな気持ちになるのは、不安だからです。そして、みなさんが不安なのはお金についてこれまで理解する機会がなかったからです。


私の知り合いのカナダ人には「億り人」も多いのですが、起業したり、転職を重ねて、キャリアアップをしていったわけではありません。「自分の幸せが何か」と「お金の性質」を日本人より少し知っているだけです。

自分の幸せにいくら必要かを知っていて、それに備えているかどうかの差ともいえます。

本書で紹介する投資術、マネーハックには、才能はいりません。極論を語れば、みなさんが自分の幸せを明確にできれば、お金は貯まります。誰でもできます。

そして、始めさえすれば、放っておくだけで老後に1億円という数字が見えてきます。

こうした仕組みを、カナダ人の中には幼少期から知っている人も少なくありません。

「もう、中高年になっているし、手遅れだよ……」と思われた方もいるかもしれませんが、そんなことはありません。あなたが30代、40代ならばもちろん、50代でも老後のお金の不安がない人生を送れます。自分自身の幸せを実現しながら、無理なく無駄なく資産形成できます。コツコツと積み立てるだけで、いつのまにか億り人にもなれるのです。

STEP1では、カナダ人がなぜ幸せなのかについてお話しします。「幸せなんてそれぞれでしょう」と指摘も受けそうですが、人間の脳の構造的にもカナダ人のスタイルが合理的であることを示します。

STEP2では、お金についての理解を深めます。私のおすすめする資産形成は、低コストで、広く分散されていて、これからも成長が見込まれる優良な投資信託商品に対して、自動的に毎月投資が続けられる仕組みをつくってコツコツ続けていくことです。毎月積み立て投資をして、あとは放っておくだけです。非常にシンプルですが、コツコツ頑張ることができる日本人にあった方法でもあります。

なぜこの方法が良いのか、仕組みとして優れているのかを理解しないと、間違いなく挫《ざ》折《せつ》します。また、9割の投資信託は選ぶべきでない商品なので、その点もお伝えします。

STEP3では、「幸せ」をうまく循環させるためのライフハックを紹介します。私はカナダで就職したとき、資産はほとんどありませんでした。週5で働く普通のサラリーマンでしたが、3年で資産は1000万円を超え、独立した今はお金に不安のない生活を送っています。それもここで紹介するライフハックなしではありえませんでした。私が試行錯誤を重ねただけでなく、科学的な裏付けのあるものばかりです。

STEP4では、みなさんがいつのまにかお金を手放してしまう生活習慣を紹介します。幸せになるには余計なものにお金を投じず、〝本当に必要なものだけに〟使うのが王道です。ただ、実は私たちの身の回りにはお金を使ってしまう「落とし穴」がたくさんあります。ここでは、行動を変えるだけで明日からでも効果があるものを紹介します。私のクライアントの中にはこれらの見直しで月20万円の余剰資金を生み出すことに成功した人もいます。

ＳＴＥＰ５では、本書の要点をあらためてまとめながら、みなさんが今後前向きに節約・投資に向き合い、成功していくためのメッセージをお送りします。ＳＴＥＰ１～４のまとめにもなっています。

みなさんは今、幸せですか？　世間の目を気にしていませんか？　自分らしく生きていますか？　お金に不安もなく、自分の幸せを実感できていますか？

借り物でない人生を歩き出すために、本書を活用してもらえたら嬉しいです。

〝カナダ式〟で幸福度も資産も増え続ける！

いつのまにか億り人になれる超マネーハック【目次】

はじめに 003

STEP 1 カナダ人はなぜ幸せなのか？ ～投資の土台となる考え方 015

まず自分の幸せを理解する 016
金を稼ぐのは汚い？ 022
お金を追い求めているだけでは幸せになれない 028
日本での老後は決して不安ではない 034
お金について不安があるとバカになる 040
お金を使わないと幸せになる 043
投資でお金を増やして不安をなくす 047
幸福度が下がる節約には意味がない 049
信用を落とす節約はしない 055
大事なのは始めること 058

STEP 2 つみたてNISAは資産形成の最強の武器 063

貯金でお金の価値が減りかねない時代 064
始めるのに専門知識はいらない! 068
プロが勝手に選んでくれる投資信託 071
世界は99・9%成長する――何も考えなくてもいい 075
複利の力で「億り人」になれる 077
なぜ一括でなく積み立てなのか 081
値下がりは仕入れのチャンス 086
値動きに一喜一憂しない 088
リーマンショックの前日に買っても長期保有は損しない 091
話題のインデックスファンドとは 094
つみたてNISAは「億り人」へのチケット 097
つみたてNISA×iDeCo=最強 102
アメリカ株を買え 106
アメリカ株に投資すべき7つの理由 110
ドラえもん+出木杉くん+スネ夫+ジャイアン=アメリカ 124
「S&P500」に連動した商品を、楽天証券かSBI証券で 127

銀行マンも証券マンも金融のプロではない 134
口座をつくるのは簡単、税金の手続きもいらない 137
クレカ積み立てでさらにお得に 139
新NISAをやるべきもう1つの理由 141
投資は人生の選択肢を広げる 145

STEP 3 幸せな億り人になるためのライフハック 151

カナダ人はマジメではない 152
脳は1日3万5000回選択する 154
朝の時間を大切にする 156
瞑想しよう 159
週3日筋トレ 162
毎日30分語学を学ぶ 166
移動中は耳から学習 168
将来の夢のために2時間ねん出する 170
寝る前に15分のKindle読書 174
アウトドアや旅行で幸福度を上げる 182

スタバは特別な日に 184

STEP 4
「捨てる」だけでお金が貯まりだす習慣 189

テレビ、書類、マットを家に置かない 190
「見栄」を捨てる 197
使わないサブスクは解約する 200
「負け確定」のギャンブルや宝くじには手を出さない 204
支払いすぎの生命保険をやめる 207
崩れつつある不動産神話に騙されない 210

STEP 5
お金より大切なものを手に入れるために 215

才能がなくても資産形成はできる 216
人生の価値観を問い直してみよう 219
資産形成に特効薬はない 222
幸せな人生のために 226

おわりに 233

構成　栗下直也

装幀・本文レイアウト　菊池祐

DTP　エヴリ・シンク

STEP

1

カナダ人はなぜ幸せなのか？

〜投資の土台となる考え方

まず自分の幸せを理解する

カナダ人はなぜ幸せそうなのでしょうか。

カナダ人と話していて驚くのは、自分自身が何を良いとするか、何に幸せを感じるかが非常に明確なことです。家族とアウトドアに行く、毎週釣りに行く、仕事はそこそこで家族と暮らす時間を大事にする……。もちろん、バリバリ働くことを生きがいにしている人も少数ながらいます。

つまり、世の中の軸ではなく、自分の中にブレない軸があります。

そして、ブレないので何にお金を使うかも、はっきりしています。

日本人の場合、他人が持っているから、みんなが買うから、格好よく見えるからなど、見《み》

カナダ人は家族との時間を最も大切にする

栄《え》のための消費に走りがちです。

しかし、カナダ人にそのような傾向はほとんどありません。

ですから、カナダ人は平気で街中をレギンスやヨガパンツで歩きます。その上にジャケットをためらいもなく着ます。日本人からすると「ダサい」と思えるかもしれませんが、カナダ人は全く気にしません。

私が住んでいたバンクーバーは、実は世界で最もファッションでダサい都市の3位に選ばれたこともあるのですが、納得のダサさです。

逆に**住みやすい街では世界上位の常連**です。そう、ダサかろうと、本人は幸せなのです。いつもニコニコしています。自分の価値観が確立されているから、ブレません。

彼らはお金に無頓着《むとんちゃく》なわけではありません。むしろ、お金と真剣に向き合っています。お金のことをかなり考えています。だからといって、いつも守銭奴のように「金、金」と言っているわけではありません。お金について教育されているから、いつも頭の片隅に知識としてある状態ということです。

お金の不安を抱えていないカナダ人は、お金を呼び込むものを「資産」、お金をどんどん減らすものを「負債」と考えます。

例えば、株の配当、家賃収入など、持っているだけでみなさんのお財布にお金を入れてくれるものが資産です。

一方、ローンを払っている持ち家や修繕費が常にかかるものなど、持っているだけでお金が出ていくものが負債です。

彼らはお金を使うときに、「これはお金を呼び込むものか、お金が出ていくものか」を考えて使います。

日本とは文化が大きく違います。

カナダでは金融教育が多様に展開されています。

知人のカナダ人は、**12歳の時から父親（建築業）から金融教育をしっかり受けてきた**といいます。株を1つ自分自身で選び、毎日一緒に新聞で株価をチェックします。まず株の値動きの楽しさを学ぶのです。

次のステップとして、株は値動きがあるだけではなく、配当が出ることを教わります。2つの利益でお金を増やしていけることを学びます。さらに、高校ではみんなと金利について学んでいます。

お父さんは、少しお金を得ても、すぐに使うべきではないと教えてくれました。そのお金を働かせればもっと大きくすることができる、と。彼ら兄弟は、その教えから長期で投資することの大切さ、後述する複利の力を学んだそうです。

加えて、一部の高校では、「なぜあなたは幸せを感じるか」を脳のメカニズムまで踏み込んで学びます。

中学高校レベルでも金融教育は広く行われています。

例えば、利子にもまた利子がつく「複利」の考えです。

金利を6％とすると、預けっぱなしにしておけば、元々の元本に利息が加わり、新たな元本として再投資され、12年で元本が2倍になります。この複利のすごさについてはSTEP2で詳しくお伝えしますが、あのアルベルト・アインシュタインが「人類最大の発明」と呼んだほどです。

人類最大の発明ですから、本来は中等教育くらいでは習うべきでしょうが、日本ではそうではありません。リテラシーの高い人にようやく浸透してきたにとどまっています。

日本では「億り人」があこがれの対象ですが、カナダでは**「20代から500ドルずつ毎月積み立てていたら簡単にミリオネアになれるよ」**と、家庭でも教わります。

つまり、複利効果を前提の知識として持っているのです。カナダでは「億り人」が決して遠い存在ではないことがおわかりいただけるでしょう。

また、小さいころからお金や起業に対する自発的な意識を育《はぐく》む仕組みが社会に組み込まれています。例えば私の娘はカナダで幼稚園に通っていましたが、幼稚園でも投資や起業の話は当たり前です。実際、幼稚園の近くのショッピングセンターにお店を出して、お金のやり取りをするプログラムがあります。

金融教育は幼少期だけでなく、大人になっても啓蒙《けいもう》が盛んです。確定申告における還付金を受け取るタイミングで（カナダでは、会社員でも個人が確定申告を行う必要があります）、貯蓄や投資等に係る情報を税理士が個人に提供して投資を後押ししています。

つまり、ゆりかごから墓場までお金に対する自発的な取り組みが当たり前になっています。

これは日本との大きな違いです。

カナダと日本ではお金に対する考え方に格差が大きくあることは否定できません。

ただ、みなさんは、今、大きな一歩を踏み出したともいえます。

ここまで読んで、何が間違っていたかを理解しつつあるみなさんは、この本を読むことで人生を再設計できる可能性がきわめて高いはずです。

まずは私たちにしみこんだお金に対する間違った認識から見直していきましょう。

金を稼ぐのは汚い？

日本人はお金の話を避ける傾向にあります。

お金は汚いという先入観があるのでしょう。それどころか、お金持ちはズルくて、悪い奴という認識すらあります。


子ども向けのアニメや童話を見れば、明らかです。

例えば「ドラえもん」で金持ちキャラのスネ夫はジャイアンにコバンザメのようにくっついて、ズルをします。日本昔話に出てくる地主や代官は悪いことをして私腹を肥やしています。いけ好かない悪い奴として描かれがちです。

一方、主人公は決して裕福ではありません。苦労しながらコツコツと努力して、仲間を増やして成功をつかみます。「ドラゴンボール」にしろ、「ワンピース」にしろ、基本はそうした路線です。

でも、本当にお金を稼ぐことは悪く、お金持ちは嫌な奴なのでしょうか。

海外のアニメや映画では全く様子が違います。

「アイアンマン」の主人公のトニー・スタークは、17歳でマサチューセッツ工科大学を首席で卒業する超エリートの発明家です。その資産は100億円を超えるとも試算されています。

同じように「バットマン」の主人公のブルース・ウェインは巨大企業の筆頭株主です。

いずれも、イケメンで超お金持ちという設定です。金持ちでもせこくも悪くもありません。

それどころか、世界を救うスーパーヒーローなわけです。

私たち日本人は小さいころから、こうしたフィクションの世界を通じて「洗脳」され、その価値観をひきずったまま大人になっています。ですから、誰もがお金の話を避けがちですし、お金の話ばかりすると後ろめたさを感じるのです。

私も銀行員だった母親や学校の先生から「いい大学を出ていい会社に入りなさい」「頑張って働いて貯金しなさいよ」といわれ続けてきました。そして、株への投資は「怖いものだ」と教育されてきた人も多いかもしれません。

こうした背景もあり、日本ではお金持ちのイメージは悪いままです。「お金に汚い悪い奴」と認識されがちです。


そして、お金儲《もう》けの話どころか、お金の話すら避ける傾向にあります。私もお寺の子どもとして生まれたので、父には「お金の話なんてするな」「儲けることを考えるな」といわれて育ってきました。

例えばみなさんも、学生時代に友人と「愛をとるか金をとるか」「給料が安いやりたい仕事と給料が高いけどつまらない仕事ならどっちを選ぶか」などをテーマに話し合ったことが、1度はあるはずです。

おそらく、大半の人は「金」を選ばず、愛ややりがいを選んだのではないでしょうか。金なんて答えたならば、「あいつは、志がない」「金の亡者」と皮肉られたはずです。「金かやりがいか」論争では、日本では長らくやりがいが重視される傾向にありました。ただ、現実にはどうでしょうか。お金を選んだら幸せになれないのでしょうか。

収入と幸せとの関係は何十年にもわたって研究されてきました。そして一般的には、専門家の研究などからも、収入と幸せに関係はあるといわれています。金融資産が増加するにつれて、生活消費度が高まる傾向も確認されています。

ですから、もし就職や転職でやりがいか金かで悩んでいたら、とりあえず給料が高い会社を選ぶのは合理的な選択といえます（労働時間や職場環境などがほぼ変わらない場合ですが）。

一昔前に有名なベンチャー経営者が、「金で買えないものはない」といって批判されました。でも、これは一面では真理といえるでしょう。大半のものは金で買えます。ある意味、愛すら買えるかもしれません。事業に失敗した経営者やスキャンダルで仕事が激減した芸能人が離婚するケースは少なくありませんが、あれは「金で愛が買えなくなった」わかりやすい例です。

ただ、誤解しないでください。私は「やりたいことをあきらめろ」「やりがいより金だろ」といっているわけではありません。むしろ、逆です。**世の中にはお金より大事なことがいくらでもあるので、お金の備えがあれば、思いっきりやりたいことをできます。**

私の場合、お金より大事なことは家族であり、健康です。

お金と幸福の研究では、お金のことを気にすると幸福感が下がることもわかっています。

一方で、お金持ちほど健康であるというデータがあります。お金に余裕があれば栄養価が高くバランスの良い食事が食べられますし、ジムに通って体も管理できます。結果的に肥満になりにくく、ＢＭＩ（体重と身長から算出される肥満度を表す体格指数）が低い傾向にあります。

幸せかどうかは科学的に把握できます。やりたいことをやっているかどうかではなく、脳の問題です。**セロトニン、オキシトシン、ドーパミン、エンドルフィンなどが多く出ていたら、幸せと感じます。**これについては次の項目で詳しくお話ししますが、「俺は貧乏で不健康でもやりたいことをやっているから誰よりも幸せだ」といったところで、果たして幸せかどうかはわかりません。強がりの可能性も高いのです。

やりたいことをやっていても幸せでなかったら、意味がありません。**いかに、やりたいことをしながら幸せになれるか。その両立のためにはお金は不可欠です。**

私は典型的な中流家庭で育ちました。裕福ではありませんでしたが、貧乏でもありませんでした。

実家はお寺だったので「お金の話はするな」といわれて育ちましたし、お金の管理には、どちらかというと厳しい家庭でした。平成初期の日本が最も豊かな頃に幼少期を過ごしましたが、小学生時代のお小遣いはわずか月200円でした。

200円しかないので、自然と工夫を重ねるようになります。ゲームは買えないので、友達にゲームをやらせてもらったり、10円のお菓子を買ったり、お金をかけない楽しみを自分で考えるようになりました。

「200円では欲しいものは永遠に買えないよね」と突っ込まれそうですが、この悩みを解決するための特別ルールが我が家にはありました。「お母さん銀行」です。

例えば、小学生のころ私はアニメの「ドラゴンボール」のカードを収納するカードホルダーが欲しくてたまりませんでした。ただ、1200円くらいしたので、月200円のお小遣いでは手が届きません。半年間、我慢に我慢を重ねてようやく買えます。でも、半年間お小遣いを全く使わないのは、子どもの選択肢として現実的ではありません。

そこで「お母さん銀行」の出番です。お母さん銀行に3カ月預けると、本来ならば600円にしかなりませんが、利子がついてカードホルダーを買えたのです。当時は全く気づきませんでしたが今、思えば、これはまさに「複利」の力です。母親は元銀行員だったので、彼女なりに私に金融の仕組みを教えてくれていたわけです。

こうした環境もあり、幼いながらに、ぼんやりと自分にとって何が必要か、必要でないかを考える素地が育《はぐく》まれたのかもしれません。住職だった父は昨年亡くなりましたが、両親には感謝でいっぱいです。

金融機関に就職したこともあり、20代前半のころにはお金についての知識は多少ありました。ただ、私が本書でお話しする「幸せのサイクル」について理解できたのは、カナダに渡ってからです。

それまでは、どのようにしてお金を増やすかばかり考えていましたが、何のためにお金を増やすのかが明確になったことで、本当の意味で「幸せ」に到達することができました。

お金を追い求めているだけでは幸せになれない

お金は必要なものですが、順番を間違えてはいけません。お金だけを追い求めてはいけません。

実は、最初に紹介した**カナダ人の生き方は、科学的にも非常に理にかなった幸福モデルなのです。**エビデンスがある幸せなのです。

「人の幸せなんてそれぞれだろ」という意見もあるでしょう。確かにその通りですが、私たちが幸せを感じる時、脳の中では１００種類以上の幸せを感じる物質が出ています。脳科学の視点でとりわけ注目されているのが、セロトニン、オキシトシン、ドーパミンの３つです。

セロトニンは心や体が穏やかなやすらぎの状態で幸福感のベースの状態をつくるともいえます。オキシトシンは人との愛情やつながりを感じるときの幸福感をつくります。そして、ドーパミンはお金や成功など何かを獲得しようとしているときに感じる幸せを生み出します。

私たちはこれらが脳内で分泌されているときに幸せを感じます。つまり、これらの幸せ物質をうまく出せる状態をつくれれば、私たちは幸せを感じられます。

そして、**カナダの人たちはこの幸せの物質をうまく分泌するサイクルをつくっています。**

健康に気づかうことでセロトニン的幸福を享受しています。例えば、バンクーバーからシアトルへ国境を越えると、人々の体型が変わってしまうのをご存じでしょうか？　それだけ、カナダの人は日常的な体重管理、自身の健康を維持することに意識を向けています。これが、持続的な幸福感につながっているのです。

そして、仕事よりも家族や友人とのつながりを重視することでオキシトシン的幸福を得ています。遅くまで残業をすることもまれであり、夕方以降は心身を休め、団らんの時間を毎日のように大切にしています。

それらに心置きなく時間を使えるように投資することでドーパミン的幸福も手に入れています。

あくまでもセロトニンやオキシトシンに基づく幸せを核とすることで、健康で人との触れ合いを感じつつ、お金にも困らない人生を実現しています。

一方、日本はどうでしょうか。

多くの人が小さいころからドーパミン的幸せを求めるような人生が良いと教わってきたのではないでしょうか。

ドーパミン的幸せとは具体的には、良い学校に行くためにテストで良い点を取り、大きな会社に入り、そこで出世して、お金を稼いで……。もしくは、若くして起業して、留学して、海外のスタートアップで働いて、などなど。いずれにせよ、立身出世してお金を稼ぐストーリーが幸せの軸としてあったのではないでしょうか。

そのためには、少しくらい体調が悪くても出社して、子どもが不登校になっても向き合おうとせず、働く都合を優先してきた人も少なくないでしょう。そして、そのストレスを解消するために、買い物やギャンブルや夜のお店にお金を投じてドーパミン的快楽に浸っていたのではないでしょうか。幸福度がすぐに下がり、また欲しくなるドーパミンを追い求め、健康のセロトニン的幸せや、つながりのオキシトシン的幸せをないがしろにしてきたのです。オキシトシン的つながりや、セロトニン的つながりは幸福度が下がらない。

今日の日本社会における孤立や孤独の問題は、こうした単純化した幸せを追い求めた結果のような気もしています。

カナダ人がいつもニコニコしていて、日本人がいつもつらそうなのは、追い求める幸せの順番を間違えてしまっているからともいえます。

みなさんは「いや、そんなことといったって私がいないと仕事がまわらないし。上司に怒られるし」と思われる方もいるかもしれませんが、会社員の場合、そんなことはありません。あなた1人休んだことで仕事がまわらなければ、それは会社としてかなり危険です。誰かがいなくてもまわってこそ会社ですし、その体制を整えることこそ、上司や経営者の役割です。

昔から**「体が健康ならばどうにかなる」**といいましたが、まさにその通りです。健康であれば働いてお金は得られますが、お金があっても健康は買えません。むしろ、健康やつながりをないがしろにして、達成感を求め続けると不幸になるといってもいいすぎではないでしょう。私自身、健康オタクなのもこうした根拠にもとづいています。

私はドーパミン的幸せを求めるなといっているわけではありません。お金は必要ですし、これまでお話ししてきましたように避けるものでもありません。お金でたいていのことは解決できます。ただ、一方でお金があれば幸せになれるとも限りません。お金があっても不幸な人や、お金があるから不幸な人は数えきれないほどいます。

そして、お金をたくさん稼いだり、手に入れたりしたから不安のない人生を送れるわけではありません。アメリカの数億円以上を稼ぐトップスポーツ選手の8割が引退後に自己破産したり経済的に困窮したりするといわれることを考えると、稼いだお金の多さと、お金に不安のない生活を送れることに、直接的な関係はありません。日本における宝くじの

図1　心と体の健康こそが全ての基盤

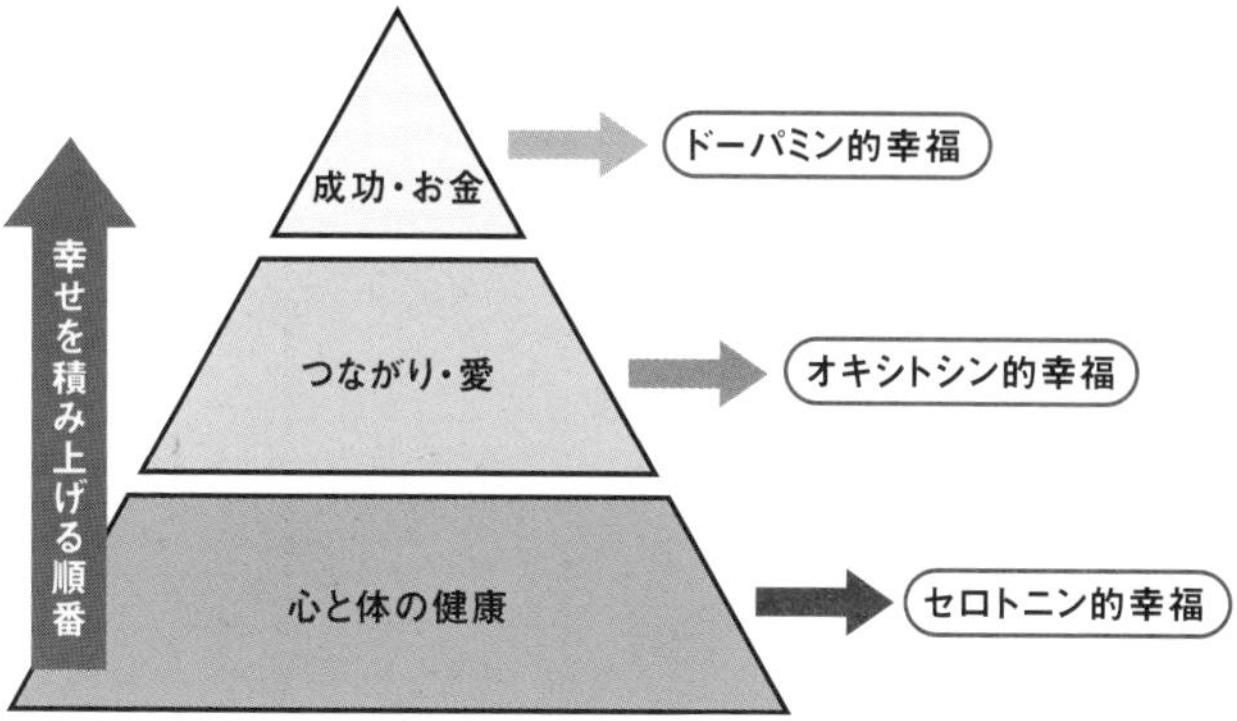

出典：樺沢紫苑『精神科医が見つけた3つの幸福　最新科学から最高の人生をつくる方法』（飛鳥新社）

セロトニン的幸福とオキシトシン的幸福で土台を固める

当選者にも同様のことが言えます。

まず、土台としての健康というセロトニン的幸せを、その上に人と人とのつながりであるオキシトシン的幸せをしっかりと固めましょう。人の悩みの9割は人間関係なんて言います。

同時に人間関係に悩みがあると、ストレスで健康にも害が及びます。これらは密接に関わり合っていて、私たちが求めがちなドーパミン的幸せよりも圧倒的に大切なのです。

そういう土台を固めた後に、最後にドーパミン的幸せを求めましょう。

この型ができれば、あなたは幸せに近づ

くはずです。

日本での老後は決して不安ではない

「健康やつながりによる幸せが大事」といっても、「人生100年時代、働けなくなったらどうしよう」「病気になったらお金がかかるから大変だ」「日本経済はもう成長しないからお金を今のうちに貯めとかないと」など、不安が尽きない人も多いでしょう。

最近は日本の未来への悲観的なニュースで溢《あふ》れていますが、過度な心配はいりません。みなさんは、**日本に生まれただけで勝ったも同然**です。世界で見れば、すでに圧倒的な勝ち組です。

みなさんが不安になる気持ちもわかります。世界保健機関（WHO）が公表している世界の寿命ランキングでは、日本は84・3歳でトップです（2022年版、男女合わせた数値）。医療が発達した今は、言葉は悪いかもしれませんが、死にたくても死ねない時代ともいえます。実際、厚生労働省の発表では平均寿命と健康寿命（健康上の問題で日常生活が制限されることなく生活できる期間）には10年前後の開きがあり、多くの人は病気と向き合う生活を強いられます。そうなると当然、老後のたくわえが心配になります。

ここでは、ひとつずつみなさんの心配を解消していきます。

まず、**日本は国民皆保険の国です。**誰もが保険に入れて、診療費は3割負担です。アメリカ国民からしたら喉《のど》から手が出るくらい羨《うらや》ましいシステムです。

アメリカは医療費が猛烈に高い社会です。風邪で医者にかかるだけで数万円かかりますし、病院で手術するとなると１００万円単位のお金が吹っ飛びます。薬代もとても高いです。

アメリカに留学中の日本人学生が歯の治療のためだけに一時帰国するなんて話を聞きますが、それだけ医療費が高いのです。

「日本の医療制度が優れているといっても、適用できる範囲が限られているのでは」と不安になる人もいるかもしれませんが、日本の保険制度を甘くみてはいけません。仕組みをしっかり理解すると、民間の生命保険会社の医療保険やがん保険に加入するのは極めて悪い選択だったと気づくはずです。

いかに日本のセーフティーネットが優れているかを説明します。

日本の優れたセーフティーネットのひとつが高額療養費制度です。この名前を聞いた8割以上の人は、この世界的にみてもとても優れた制度について詳しく説明できないはずです。多くの人がきちんと理解していないことが、日本の保険業界にまつわる闇を生んでいるともいえるでしょう。

これは、**医療機関や薬局の窓口で支払った額が、ひと月で自己負担限度額を超えた場合に、その超えた金額を支給する制度**です。自己負担限度額については、所得や保険の種類、年齢によっても異なるのですが、どんな大病になって入院しても、おおまかにいうと月額10万を超える額は返ってきます。

例えば、「がんになったら300万円かかります」と保険会社はCMで煽っていますが、実際のところ、入院費も含めて高額療養費制度のおかげで、日本人の払う医療費は月10万円なのです。

正確には、年収が1000万を超えたら10万円以上になったり、300万円以下の人は支払いが6万円以下になったりしますが、おおまかに10万円を超えた分は返ってくると認識していて問題ありません。

そもそも、「がんになったら300万円」は医療費を全額負担した数字です。10割負担の数字です。日本は3割負担ですから、この時点で保険会社は私たちを不安にさせています。

3割負担ですと、90万円の請求が来ますが、手続きをすれば、後でお金は戻ってきますし、窓口での支払いをあらかじめ抑えることも可能です。

10万円はもちろん小さい額ではありませんが、300万円とは負担の大きさが全く違います。例えばがん保険にかけるお金を毎月投資に回していれば、10万円はそこまで重い負担には感じないはずです。

脳卒中、心臓病、がんでも、基本的にカバーできます。特別な先進医療は別ですが、そうした医療が必要な病気にかかる可能性は極めて小さいのが現実です。

もちろん、入院時の差額ベッド代など公的保険が適用されないものもありますが、貯金しておいて実費で払う方が、毎月保険料として支払う額より少なくなるでしょう。

次に、「働けなくなったらどうするのか」の不安です。

これには**傷病手当金というセーフティーネット**があります。これもとても優れた制度なのにあまり聞きなれないかもしれませんが、サラリーマンが怪我や病気で働けなくなったときの「最強の味方」です。

社会保険に加入している場合、怪我や病気で入院して働けなくなっても、傷病手当金で1年半は収入の3分の2が支給されます。

傷病手当金の対象は会社員に限られますが、先ほど紹介した、だれもが使える高額療養費制度と組み合わせることで、長期入院しなければならない事態にも耐えられます。

例えばがんで医療費が10万円かかっても、給料の6割が支給されるわけです。入院していれば出費も減り、差し引きでプラスになる人もいるはずです。これならば貯金を崩す必要もありません。

お金の面だけで考えれば、保険会社の脅し文句とは反対に、お金が貯まるケースもあるわけです。高額療養費制度と傷病手当金を知っていれば、老後の景色もかなり違って見えてくるでしょう。

あなたの友人で長期の病気になったり、大怪我をしたりして、破産した人はいるでしょうか。アメリカのように下手をすると高額な医療費で破産してしまう社会ならば、そうした心配もわかります。子どもの心臓病手術に1億円かかって、結果的に破産したケースなどは珍しくありませんが、みなさんが住んでいるのは日本です。だから、心配ないのです。

日本には**大病や大怪我にも障害年金というセーフティーネット**があります。長期療養が必要ながんや糖尿病、心疾患などの内部疾患から、うつ病や統合失調症などの精神の障害まで含まれます。

また、障害「年金」とありますが、20歳から使えます。もらいながら働き続けることもできます。

つまり、日本では病気や怪我で働けなくなった時のセーフティーネットが二重にも三重にも用意されています。

みなさんは、日本という国に生まれただけでかなり幸運です。日本に生まれるということは、宝くじに当たったようなものといっても言い過ぎではありません。

残念ながら、国も財政難でこちらから請求しなければ、大半の給付金はもらえません。また、民間の生命保険会社の人々も生活がかかっていますから、不安を煽ります。不安を煽ることで保険に加入させて私たちにリスクに対して過剰に備えさせているのです。ただ、社会の仕組みを知り、税金や社会保険料を納めておけば大きな不安はなく生活できます。

セーフティーネットを多くの人が理解していたら日本の幸福度は必ず上がるはずです。将来に対する不安は減って、人生を楽しめます。仕事もプライベートも今以上に思いっきり打ち込めます。お金に関する知識を身につけることによって、私たちはお金に不安がない穏やかで幸せな人生を送れます。

お金について不安があるとバカになる

お金があっても不安のない人生を送れないこともある。これは日本の教育では教えてくれません。小学校から大学までの間に習っていないはずです。

幸せの形がたくさんある、などと教育の現場では習いませんし、たくさん稼いでも破産することもある、とも習いません。「たくさん勉強して、いい学校に入って、大きな会社に入って、安定してお金を稼ぎなさい」と多くの人が教え込まれてきました。最近になって、価値観が多様化しているとはいえ、「いっぱい勉強して、いい会社に入って出世する」ことを良しとする感覚の人がいまだに大半でしょう。やはり、自分の幸せが何かを明確にする必要があるのではないでしょうか。

一方で、稼ぐ力を持つことは大切です。

日本では社会人になっても「とりあえず稼げ。そのためには転職だ、起業だ」という話になりがちです。転職、起業まで思い切らなくても、副業で稼ぐ人も増えています。稼ぎ方はひとつでないので私も副業は推奨しています。

みなさんのスキルは本人が自覚している以上に売ることができるものです。

もちろん、未経験者では厳しいかもしれませんが、**「クラスで1番」程度のスキルがあれば、クラウドソーシングを使ってお金の入り口を増やすのは難しくありません。私のクライアントでも、プログラミングの仕事をしている方がほとんど経験のなかったWEB制作の副業で稼いで、節約とあわせて月5～10万円もお金を生み出しています。**

ただ、いくら入り口が増えても出しっぱなしの出口を見直さなくては、お金は貯まりません。稼いでも、使い続けていては貯まらないどころか、仕事のパフォーマンスも下がりかねないのです。

世の中には「俺は土壇場に強い」と、なぜか退路を断って、起業したり、ありったけのお金を投じてサイドビジネスを始めたりする人がいますが、**お金に不安があると人の生産性は下がるデータもあります。**

インドの農村で収穫前のお金が足りない状況の農民と、収穫後でお金に余裕がある状況の農民に知能検査を実施したところ、収穫後のほうが約25％も正答率が高かったそうです。この違いは、ＩＱ（知能指数）に置き換えると9～10ポイントにもなるといいます。これはみなさん、直感でわかるはずです。不安な状態に身を置くのは誰もが嫌ですから、不安がないほうが仕事もうまくいくに決まっています。

例えば、副業でお金を稼ごうとする人も、お金に不安のない状態で挑戦したほうが、成功しやすいのです。もちろん、お金目的でなく、夢のために経験を積みたいなどの動機でしたらいいいかもしれませんが、副業は多くの人にとってお金目的のはずです。例えば、サラリーマンに人気の副業に、せどり（商品を安く仕入れ、手数料を上乗せしてメルカリなどで販売し、その利益を得る商売）がありますが、「俺は小さいころから、せどりをやるのが夢だった」という人はほとんどいないはずです。

ですから、まずは、お金の土台をつくる必要があります。**お金に対しての考え方を身につけ、土台ができれば、みなさんが何に挑戦するにしてもその成功率は高くなる**はずです。

では、どのようにして確固たる土台をつくるのか。一緒に見ていきましょう。

お金を使わないと幸せになる

では、どうすれば幸せを実感しながら、お金の土台をつくって、資産をつくれるのでしょうか。

自分の幸せ追求、節約・貯金、投資のサイクルをつくって、これを回しましょう。

節約や貯金、投資と聞くと「言うは易し」で実行するのは難しく感じるかもしれませんが、続けるコツは簡単です。

無理をしないことです。

節約も貯金も投資も、続けることに意味があります。無理をしないためには、つらい、しんどい気持ちではなく、楽しむ必要があります。つまり、本章の冒頭でお話ししましたように、「自分にとって何が幸せか」をはっきりさせることが一歩目になります。

自分に必要なものがはっきりすれば、余計なものにお金を自然と使わなくなります。そうすることで、２つのメリットが生まれます。

まず、毎月の無駄な支出がカットされますので、自然とお金が貯まります。お金もカツカツな状態ではなくなり、むしろ好きなものを購入したり、旅行したり、普段は食べられないおいしいものを食べて息抜きもできます。

次にお金を使うことで、「やはり、この贅沢《ぜいたく》は要らないな」と気づいて、自分の人生に要らないものと要るものの選別がさらにできるようになります。無駄なお金をますます使わなくなります。

例えば、私がお金を使うのは自分や家族の健康と娘の教育がほとんどです。健康のための投資といってもサプリメントは買いますが、基本自炊です。体にいい食材は高い食材とは限りません。ブロッコリーや鶏《とり》胸肉、魚などむしろ高価ではありません。外食はほとん

図2　幸福のための3つのサイクル

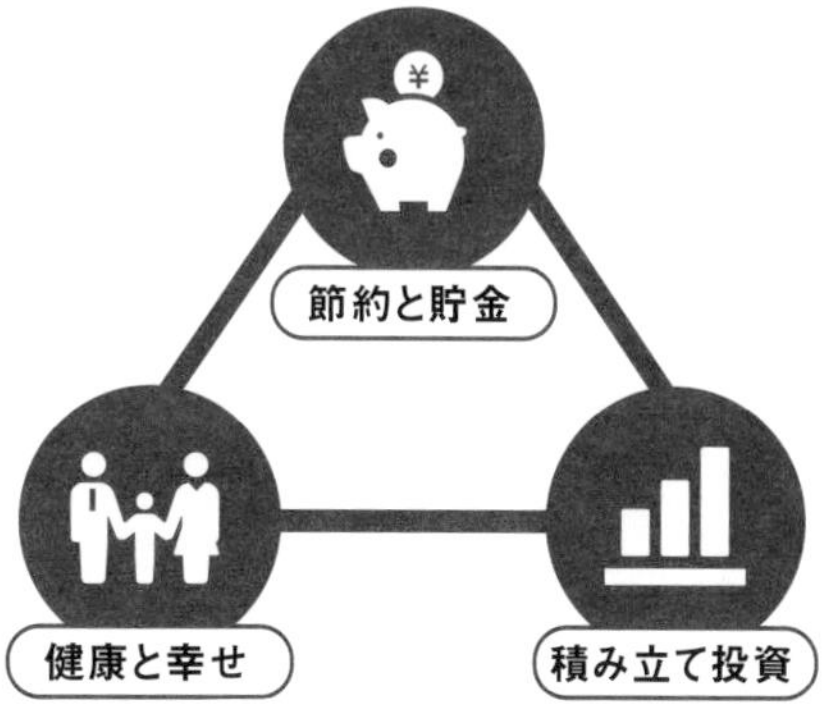

「節約と貯金」「積み立て投資」「健康と幸せ」を循環させることで幸福度が高まる

どしないのでお金は貯まる一方です。そして、こうした食材で健康が維持できていると、ますます健康志向になり、さらにお金が貯まります。

何を幸せと感じるかがわかれば、生活もシンプルになり、本当にお金を使わなくなります。そして幸福度も増します。

生活費を下げると何気ない瞬間の幸福度が一気に高まるとも証明されています。これまでの論文では、人間が幸福を感じるのはギャップがあるときともいわれています。お金を使わないと、このギャップから幸せを感じやすくなります。

ですから、私の場合は、普段は自炊なの

で外食をたまにすると幸せでたまりません。日本に一時帰国したときに回転寿司《ずし》に行くと、美味《おい》しくてぶっ飛びそうになります。

つまり、**人間は日頃の生活水準によって幸福を感じる基準が大きく変わります。**

普段から外食ばかりしている人は、高級寿司に行かなければ幸福感を得られないかもしれませんが、自炊中心の私からすれば回転寿司でも新鮮に感じます。

ですから、大富豪でもない私たちは生活水準を低く抑えた方が、たまの贅沢で至福の時間を楽しめます。

もちろん、「質素な暮らしなんてモテないしダサくないですか。贅沢したいですよ」と感じる人もいるでしょう。気持ちはわかります。

私が外資系銀行に勤めていた時、元同僚たちの中に金遣いの荒い人もいました。人間は贅沢の快楽に慣れると、さらなる快楽を求める生き物です。彼らの多くは幸せを求めて、もっとお金を使う最悪のループに入りました。

私も彼らに流されそうになった時期もなかったといえば嘘になりますが、楽しくなかったのでそちらのループには入りませんでした。何が幸せなのか考えた結果、健康と家族に至りました。今は買いたいものもありませんし、家も車も要りません。ただ、世界を巡って見たい景色や読みたい本は山ほどあるので、人生を1日でも長く健康に過ごしたいと考えています。

まずは、自分の幸せのベースをはっきりさせましょう。

投資でお金を増やして不安をなくす

「お金が貯まっても贅沢したら少しずつ減るのでは……。そんな状況では不安で好きなことなんてできないのでは」と思った人もいるでしょう。

確かに、お金を使わないことが習慣になってもたまに贅沢していたら、少し心配ですね。でも、貯まったお金を活用することで、**「たまに贅沢してもお金は減らない」という無敵の状態**になります。そしてその状態を達成するのに不可欠なのが投資です。

余計なものを買わないと当然お金は減らなくなります。その一部を投資に回すことで、資産も増えます。STEP2で詳しく話しますが、毎月無理のない範囲で投資をしているだけで、気づくと雪だるま式にお金が増えます。資産ができると、精神的にも安定して、いろいろなことに挑戦しやすくなります。

実際、米の大学で行われた共同研究の論文には、**貯金による心の余裕があれば、人間関係の悩みも含めて全てのことにおおらかになれて、ストレスを感じなくなる**と示されています。

この幸せの追求、節約・貯金、投資の3つのサイクルを回せばお金も増えます。そして、自分自身の幸せもより明確になるはずです。自分の幸せの形がより具体的に見えてきて、サイクルを回すことも楽しくなってきます。

お金の土台をつくることは自分の欲望をコントロールすることでもあり、それを続けることで幸福を積み立てることにもなるのです。

幸福度が下がる節約には意味がない

自分がどうしたら幸せかがわかれば、お金を使わなくなります。

つまり、自然と節約できます。この状態をみなさんは目指してください。

ただ、「俺の幸せには全く関係ない。ムダだ」と日頃やっていることを切り捨てる前に注意していただきたいことがあります。

いくら、みなさんにとってムダに思えてもやってはいけない節約があります。

肉体的に無理がある節約です。

日本人は節約を苦労話と結びつけがちではないでしょうか。

苦労と努力と労働を混同している印象です。苦労して生活を切り詰め、貯金高を増やそうとしがちなのです。苦労すれば苦労するほど偉い、尊いとの神話が、まだ根強い社会である点は否定できません。

9割の人が初めに気合を入れすぎて、疲れて挫折《ざせつ》します。

そもそも、苦労すれば苦労するほど偉いのでしょうか。苦労しても、あまり苦労しなくても1万円の節約は1万円に変わりません。むしろ、苦労すれば苦労するほど不幸になりかねないのが節約です。

そのもっともわかりやすい例が**食費の削減**です。

多くの人が「節約しよう」と考えると、なぜか食費を削りがちです。たとえば、安いからといってスーパーの安売り弁当やカップラーメンばかり食べて、食費を浮かそうとすると逆効果になりかねません。

脳が幸せを感じられなくなるからです。

精神を安定させる「セロトニン」が幸せホルモンのひとつであることはお話ししました。健康の維持には欠かせない物質です。

最近の研究では、セロトニンの90％は、脳ではなく腸に存在することが明らかになっています。セロトニンは、腸内でトリプトファンというアミノ酸から合成されるのですが、この合成は、腸内の善玉菌が担っています。それらの菌を活性化させるためにはきのこや野菜、海藻など食物繊維の多い食材を摂取する必要があります。つまり、栄養バランスの良い食事が欠かせません。また、格安食品は糖質過剰で肥満と生活習慣病になりやすいといわれています。気分が不安定な状態になり、仕事や人間関係に悪影響が出る可能性が高いとの指摘もあります。

ですから、「お金を節約しなければ」と食費を切り詰めすぎると、銀行の預金残高は増えても、健康残高は減ります。幸せを脳が感じられない状態になります。

私にも恥ずかしい失敗談があります。

俳優の小栗旬《おぐりしゅん》さんが売れていなかった時代に、もやしを茹《ゆ》でて醤油《しょうゆ》をかけただけの食事で飢えをしのいだという話を聞いて、「小栗旬にできるなら自分にもできる」とバンクーバーで白米とキムチと卵だけ食べて頑張っていた時期があります。当時は20代で若かったので肉体は問題ありませんでしたが、メンタルを完全にやられました。何をするにも無気力で異国の地で外国人と対等に戦うのはとても無理な状況に陥りました。小栗旬さんはイケメンで体も丈夫で努力もできたから成功できたかもしれませんが、もやしだけではほとんどの人は続かないはずです。半年、1年は頑張れても肉体は幸せと感じていないわけですから、どこかに無理がきます。

節約は重要です。**1万円の節約は給料が1万円増えるのとほぼ同じ意味を持ちます。給料が上がりにくい日本においては資産を増やす強力な武器になります。ただ、始めることは重要ですが、続けることはもっと重要です。そのためには、自己満足ではない、脳が喜ぶ節約をするべきです。**

みなさんも健康は全ての土台という言葉は聞いたことがあるはずです。そして、幸せのベースが肉体と精神の健康であることはお話ししました。本書の大きなテーマでもありますが、幸せになるにはまず健康でなければいけません。

「節約をするときに健康を犠牲にはしない」と覚えておいてください。

無理がない、自己満足でない節約はそこまで難しくありません。

自分自身と向き合うことで何にお金を使い、何に使わないかは自然と見えてきます。

例えば、私はミニマリストで、服をほとんど持っていません。基本的な服装はジャケットとそれに合うパンツ、白いTシャツです。白いTシャツは同じものを14枚持っています。「14枚もTシャツあるのかよ」と驚かれた人がいるかもしれませんが、逆にいえば下着、靴下を除くとその14枚しか持っていません。あとは、スーツとYシャツを一式持っているくらいです。

これで、何も不自由しませんし、何の不満もありません。

ただ、誰もが私のようにジャケパン、白Tでいいかというとそうではありません。ファッション関係の仕事に就いている人は服装に気も遣えば、お金も使うでしょう。仕事にしていなくても、毎日、違う服を着ることでテンションが上がる人でしたら、ファッションにお金を使うべきです。服装に使うお金を削らないで、例えば固定費を見直したり、交際費や娯楽費を削ったりするとよいかもしれません。

私は服にはお金は使いませんが、健康のためのサプリや家族との旅行にはお金を使います。

つまり、繰り返しになりますが、**自分自身と向き合って、何が必要で何が必要でないかを見極めることが大切です。**特に最近は趣味も生活スタイルも細分化されて多種多様です。しっかり自分なりにプランニングすることが重要です。

私のクライアントでも美容が生きがいなので美容費は絶対に削らない女性がいます。ただ、彼女は月に2度ほどしか乗らない自家用車を売却し、タクシーやカーシェアリングを利用するなど支出のメリハリを徹底しています。

つらくても頑張ってお金を貯めるのではなくて、無理しないで幸福度を下げないで節約する。マネー本に書いてあるような方法をそのまま取り入れるのではなく、**自分に合った節約方法を探してください。**

また、これは具体的な運用方法になりますが、趣味や楽しみのお金は家計と別にしっかり設けましょう。

驚くかもしれませんが、お金の相談を受けていると「お小遣いは全くありません」と答える人は意外に多いです。

でも、本当にゼロ円なんてことはあるのでしょうか。

例えば、お友達と食事に行きませんか。新しい洋服や靴を買ったりしませんか。コンビニでちょっとしたお菓子を買ったりしませんか。欲しい物全てを我慢しているのですか。そんなの修行僧でもなければ無理な生活です。これらをイチイチ家計から出していたら管理がむしろ大変です。

つまり、**「小遣いゼロ」は実は自分が好きに使っているお金を意識していないだけの可能性があります。**特に家計のお金を握っている立場ですと、その中からある程度好きにお金を使うことができるので無意識に使いがちです。「しっかりと頭の中で整理できている」という意見もあるでしょうが、私のクライアントを見ても、家計のお金がいくら、お小遣いはいくら、と区別していない家計は、お金が貯まりにくい家です。

独身の人の場合はさらに危険です。なんとなく赤字にならなければいいかというどんぶり勘定なやりくりに陥りがちです。私のクライアントでも年収1000万円あって仕事もバリバリこなしているものの、アイドルの投げ銭とキャバクラにどっぷりハマって貯金がゼロという人もいました。

ですから、家族がいる方はそれぞれのお小遣いの金額をきちんと決める。独身の方は何にいくらくらい使うかの枠を設ける。その中でやりくりするようにしましょう。

信用を落とす節約はしない

大切なことなので、改めて考えていただきたいのですが、みなさんはなぜこの本を手に取ったのでしょうか。
興味を持った理由は細かい点では一人ひとり違うと思いますが、根本的なところはみなさん同じはずです。

自分の人生や家族の人生をより良くしたい。

「億り人」になりたいと思った方も、億が欲しいわけではなく、億を使って楽しい人生を送りたいはずです。お金を増やす節約や貯金、投資は自分の人生をより良くするための手段であって、目的ではありません。そこを見誤ると幸せは逃げます。稼いでも稼いでも虚しさだけが重なります。

もちろん、お金は重要です。ですから、不必要な人間関係や飲み会にお金を使う必要はありません。でも、家族や親しい友人など大切な人間関係を削ってまで節約することに意味はありません。

例えば数年に1度しか会わない友人に会った時にお金を使わないことにこだわりすぎると友達から幻滅される可能性もあります。

節約は、客観的に見て多少過剰だと思えるレベルでも、あなたやご家族が、苦もなく楽しく取り組めているのなら全く問題ありません。ですが、**無理して取り組む節約では、家族の雰囲気も悪くなるのが目に見えています。脳が幸せを感じる「人とのつながり」が絶たれてしまいます。そういう状態に陥った人を「節約バカ」といいます。**

また、先ほど話した食費のような、全体に占める割合が大きくない出費の節約を頑張ってもあまり意味がありません。細かいところを頑張って削ったものの、思わぬところで知らず知らずのうちにお金を使いすぎていて、結果としてお金がほとんど貯まらない家庭もよく見られます。

そもそも**一般的には家計の固定費は食費の4倍なので削るならまず固定費からです。ほとんど使っていないサブスク（サブスクリプションサービス）に入ったままではありませんか、過度に高い通信費を払っていませんか、過剰な特約（オプション）のついた生命保険に加入していませんか。**固定費は1度見直せば、節約分が金を生み出し続けます。節約効果が非常に大きいです。

節約は無理なく取り組めることが一番大切です。

大事なのは始めること

私が金融機関に勤めていたと聞くと、もともとマネーリテラシーが高かったり、学生時代から投資や資産形成に関心があったりしたのではないかと思う人も少なくありません。ただ、私はお金とは無縁の生活を送っていました。

学生時代、私はキックボクシングに夢中でした。

中学生・高校生の時に格闘技ブームでもあり、魔裟斗《まさと》選手や山本ＫＩＤ《やまもとキッド》選手に憧《あこが》れて、「俺もああなるぞ」と燃えていました。強かったらモテるかもしれない、というよこしまな気持ちもありましたね。頑張ったかいもあり、プロキックボクサーとしてデビューもしました。ですから、私の最初の職業は正確にいうと証券マンではなくプロキックボクサーになります。

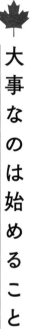

ただ、みなさんもご存じのように格闘技の世界は非常に厳しい世界です。例えば、元プロボクサーのフロイド・メイウェザーがユーチューバーなどとエキシビジョンマッチをするだけで数億円稼いでいますが、例外中の例外です。現役の世界チャンピオンでも軽量級では年収1000万円に満たない人も少なくありません。日本チャンピオンクラスではバイトしている人もゴロゴロいます。

そんなときに2つの転機がありました。

ひとつは海外経験です。

当時、世界中のプロキックボクサーはムエタイの生まれた国タイで合宿する習慣がありました。ムエタイの国ですから立ち技の修行には最適です。そこで、同じように世界チャンピオンを夢見る人たちと切磋琢磨《せっさたくま》したのですが、驚いたことに小学生くらいの現地の子どもが真剣に修行していました。

親に売られたような子どももいたのですが、みんな「将来ムエタイで稼いでお金持ちになる」と口をそろえるのです。環境は過酷でトイレもシャワーもまともにないような掘っ立て小屋で雑魚寝《ざこね》してチャンピオンを目指す。当時、日本は失われた30年の真っただ中でどんよりしていましたが、タイにはそんな子どもはどこにもいません。成りあがれなければ一生貧乏ですからモチベーションが違います。

私にとっては初海外だったこともあり、「世界は広い」と身をもって体験しました。「モテたいとかいっている場合ではないな」と価値観を大きく揺さぶられました。**知らないことがたくさんある、もっと、この目で世界をみてやろう**と心に誓ったのです。

そのためにはお金が必要です。ただ、そのころ私自身、世界クラスのキックボクサーにはなれないかもしれないと思い始めていました。それを一番感じたのは北京《ペキン》オリンピックボクシング代表の選手とスパーリングをした時です。プロ選手の私が触ることのできない圧倒的な差。なんの世界でも一般人とプロの選手が違うというのは納得できますが、選手同士でもここまで違うものかと肌身に感じました。

では、どうすればお金を得られるか。そんな時にたまたま読んだのがロバート・キヨサキさんの著書『金持ち父さん貧乏父さん』です。これが私のマインドチェンジになりました。

2000年に発売され、世界的大ベストセラーになったので、タイトルは聞いたことがあるという人も多いかもしれません。

51言語に翻訳され、100カ国以上で出版されたこの本に登場する「貧乏父さん」とは、高学歴で安定した公職にありながら生涯お金で苦労した実父のことです。「金持ち父さん」とは、学歴はなくても大成功した実業家のことです。給料に頼るのではなく、投資や起業によってお金を自分で作り出せるようになりなさいという「金持ち父さん」の教えに従い、キヨサキさんは金《きん》や不動産に投資して資産を増やしました。

それまで私は一生懸命努力して世界チャンピオンになって、大きな家を買って高級車に乗って悠々自適な暮らしをすることを夢見ていました。ところが、この本には「持ち家は負債」「一生懸命働いても生活は楽にならない」と書いてありました。金を生み出さないものは不動産も車も服も全て負債というではありませんか。今となっては100％その通りだと思いますが、当時は衝撃的過ぎて、自分の価値観が音を立てて崩れていきました。

もしかすると、世界チャンピオンにならなくても「金持ち父さん」の生き方に習えば、世界中をまわっていろいろ学べるのでは、と思った私は、ロバート・キヨサキさんの本を何冊も読み込みました。その結果、資産を生み出してくれるものがあれば、自分はもっと世界を見て回れると確信しました。でも、22～23歳でその状態にいきなりはなれないこともわかっていました。まずは金融機関でお金について勉強しようと、証券会社に入ったのです。それまでは、「プロのキックボクサーでやっていけなかったら運動能力を生かして消防士になろう」くらいにしか考えていなかったので進路は大きく変わりました。人生、何が起こるかわかりませんし、ふとした決意でいくらでも変えられます。

そしてその後、自分なりの体験や仕事に基づいて、自分の方法論を確立していくことになったのです。

STEP 2

つみたてNISAは資産形成の最強の武器

貯金でお金の価値が減りかねない時代

STEP1では、「自分にとって何が幸せか」を考えることで、お金に関して余裕ができることをお話ししました。

自分が何を求めているかがわかれば余計なお金は使わなくなります。お金が貯まれば、投資で増やせます。お金が増えれば、精神的にも余裕ができ、なおさら好きなことに打ち込めます。

ただ、みなさん思ったはずです。

「そんなに簡単にお金って増えるのですか」

投資と聞くと、日本ではいまだに胡散《うさん》臭いイメージが付きまとっています。投資をしたことがない人は「え？　株？　そういうギャンブルは怖いし……」と思っている人も多いでしょう。

私も仕事柄、友人からよく相談されるのですが、「つみたてNISAはいいよ」とすすめても、結局、「ちょっと怖いから、やめとくね」「お金に余裕ができたらやってみるよ」などの理由で一歩を踏み出さない人がほとんどです。「やってみるよ」といいながらも、始められないままの人もいます。

実際、**つみたてNISAは2021年末の時点で人口の5%が口座を開設しているにすぎません。日本証券業協会の調べでは、口座を開設しても3割は口座を開いただけで残高はゼロだったそうです。全く積み立てていないわけです。**

最近は、投資が以前よりは注目を集めていますが、活用している人の割合はその程度なのです。

気持ちはわかります。確かに「投資」と聞いてもよくわかりませんし、面倒くさそうです。貯金ではダメなのか、と思っている人もいるはずです。私たちは小さいころからお金を地道に貯めなさいといわれてきました。

確かに、みなさんの祖父母や両親が貯金の重要性を説くのはある意味、必然です。貯金しておけばお金が自然と増えた時代があったからです。

例えば、1970年代までは銀行に1年間定期預金すると、金利が6％前後ありました。100万円を預けると106万円になったのです。この金利が今では0・002％程度が大半です。100万円が100万10円にしかなりません。利息では缶ジュースも買えません。預貯金だけしていて長い老後に備えられるか、誰しもが不安になるでしょう。

仮に為替《かわせ》が安定していて、物価も大きく上がらなければ、今、10万円を銀行に預けておけば、10年後も10万円の商品がだいたい買えます。

ところが、現実の世界で10年も為替が安定していて、物価も大きく上がらないことはほとんどありません。むしろ、ここ数年のような急激な円安が起きれば、1年前まで10万円で買えた輸入品が15万円払わないと手に入らないことが珍しくなくなります。

10万円を預けておけば10万円の預金が銀行口座からなくなることはありません。ところが、物価が10％上がれば9万円分の物しか買えなくなります。10万円というお金がなくならなくても、実質的に価値は減ります。**預貯金は円安やインフレには弱いのです。**これでは長い人生の生活設計が大きく狂いかねません。

日本ではインフレは悪いことのように報じられがちですが、**物価が上がるのは当たり前**

です。日本は物価も上がらず、給料も上がらない悪循環に陥っているから問題なのです。

衝撃的だったのは、私が日本に一時帰国した2016年にテレビで流れていたアイスの「ガリガリ君」のCMです。製造元の赤城《あかぎ》乳業の社長と社員が一斉に頭を下げているのです。何事かと思ったのですが、60円から70円への10円値上げのお詫《わ》び広告でした。ガリガリ君は「小学生でも気軽に買えるように」と値上げには非常に慎重だったこともあり、その時の値上げは実に25年ぶりでした。海外では企業は原材料高などになればガンガン値上げします。値上げでお詫び広告なんて絶対にありえないので、これは驚きでした。

日本にいると「値上げするなんて許さん」と感じるかもしれませんが、物価がそのままなんてことはありえません。ウクライナ危機による原材料高で軒並み物価が上がったことで日本人もそれを認識したはずです。**カナダは私がきた12年前に比べると、もう物価は倍近くになっています。それでも多くの人は幸せに暮らしています。**

給料も上がっていますが、彼らは投資をうまく使って、お金の不安を解消しています。投資は私たちのような一般市民がインフレに対抗できる数少ない武器です。ペンシルバニア大学のシーゲル教授は、1802年から2022年6月までの長期株式投資の収益が、インフレを差し引いても6・7%程度でまわっているという研究成果を出しています。実際に1800年から2011年までに、現金とゴールドと債券と株式を持っていたら、どれが最も価値が高まったかという調査がありますが、株価が最も中長期的に上がっています。飲み物も食べ物も2倍の価格になる世界が日本にもくるかもしれません。銀行にお金を預けている場合ではありません。

始めるのに専門知識はいらない！

株式への投資と聞くと「経済や株について勉強してから始めないといけないのでは」と思われるかもしれません。

気持ちはわかりますが、結論からお話ししますと、あと1年勉強してから始めても今始めても、投資による儲《もう》けは変わらない可能性が大きいでしょう。

例えば1カ月2カ月、投資関連の入門書を読んだり、ネットで関連情報を読み漁《あさ》ったりして、勉強したとしましょう。確かに知識は増えますが、それによって投資先がきれいに絞れるわけではありません。ましてや、勉強を重ねたからといって運用成績が上がるわけでもありません。

実は、投資は専門知識が豊富なプロフェッショナルの人たちが集まっても、必ずしも儲けられるものではありません。

世の中にはエコノミストやファンドマネージャーなど投資を職業としている人たちがたくさんいます。どういう銘柄を買うのがいいか、お金をどのように分散して投資するのがいいかを仕事として推奨している人たちです。ある意味、寝ても覚めてもどうすれば儲かるかを考えている人たちです。ところが、この人たちがものすごく稼げているのかというと、稼げていない人も少なくありません。世の中の平均値の運用よりも稼げていない人もたくさんいます。

なぜかというと、これから詳しくお話ししますが、株価は何かを根拠に明確に数値をはじき出せるものではないからです。株価が下がるときもあれば、上がるときもあります。理屈だけでは決まらない世界であり、明確な理由で導き出される世界でもありません。雰囲気に左右される世界といってもいいすぎではありません。ですから、**ものすごく勉強して知識がある人が勝って、勉強していない人が負ける世界ではない**のです。例えば、**何も**

知らずに始めた人が1年間で稼いだ額と、投資歴30年の人が年間に稼いだ額が大差ないこともも珍しくありません。

私がおすすめする方法は、毎日勉強もしなくていいですし、面倒くさくもありません。お金をあまり持っていなくても、いつでも始められます。そして、気づいたら数千万円のお金が無理なくできています。

「でも、投資って結局、何を買えばいいの」とよく聞かれますが、これは初心者の方や、自分の趣味の時間や家族との時間を大切にしたい方は**投資信託の一択**です。

広く分散された、低コストで、これからも成長が見込まれて、買うことをおすすめできる投資信託を毎月積み立て投資します。あとは何もせずに放ったらかしにするだけです。

これが多くの日本人がお金に不安なく長い人生を生きるための最適解となります。

投資信託を積み立てて、放っておくのが、なぜ優れているのか。みなさんはその意味さえ理解できれば、投資に関する知識がなくても不利にはなりません。大事なのはひたすら知識をつけるのではなく、仕組みを理解する姿勢です。極論を語れば、私がこれから語る方法は勉強しなくても、子どもでも始められる最強の方法です。その凄さについて本章では説明します。

プロが勝手に選んでくれる投資信託

「投資信託という用語を聞いたことはあるけれども、よくわからない」という人も少なくないでしょう。

投資信託はわかりやすくいえば、いくつものお菓子が入っている箱のようなイメージです。チョコやキャンディーやクッキーなどが一緒に入っているお菓子の箱を想像してください。証券会社などの運用会社が投資家からお金を集めてファンドと呼ばれる「箱」をつくり、いくつもの株や債券に投資します。

みなさんは投資を始めるにしても最初は少額からと考えている人がほとんどでしょう。ただ、例えば1万円で投資したいと考えてもいくつもの株を買うのは現実的に不可能です。**投資信託はこうした個人の少額のお金を集めて、株式や債券などいくつもの資産にまとめて投資します。**個人では1万円しか出せなくても、1万人集まれば1億円になります。つまり、1億円を投資できる人と同じ力をもって市場に参加して、出したお金に応じてリターンが得られる仕組みです。

何に投資するかはファンドごとに違います。日本株だけに投資するファンドもあれば、新興国株だけのファンドもあれば、世界中の株が入っているファンドもあります。

みなさんは「米国の株式だけを買う」など、大きな方針さえ決めてしまえば（ファンドを選んでしまえば）、あとは運用のプロが代行してくれます。投資先が適切か悩んだり、相場が乱高下しても入れ替えたりする必要はありません。

毎日、株価は変わるのでファンド（箱）の価格も変わります。ただ、いくつもの株が入っているので、上がる株もあれば下がる株もあります。結果的に値動きはそこまで大きくなりません。

いろいろな株を買って、勝手に分散投資してくれているため、個別株のように急落して株価がゼロに近くなることはありません。

そして、**私がおすすめするのは、「インデックスファンド」と呼ばれるもの**です。**投資のプロがポートフォリオを選択する「アクティブファンド」は、手数料が高い**のです。それなのに、歴史的にも、9割のプロが運用する商品による運用益は、結局、インデックスフ

図3　米・S&P500指数の推移

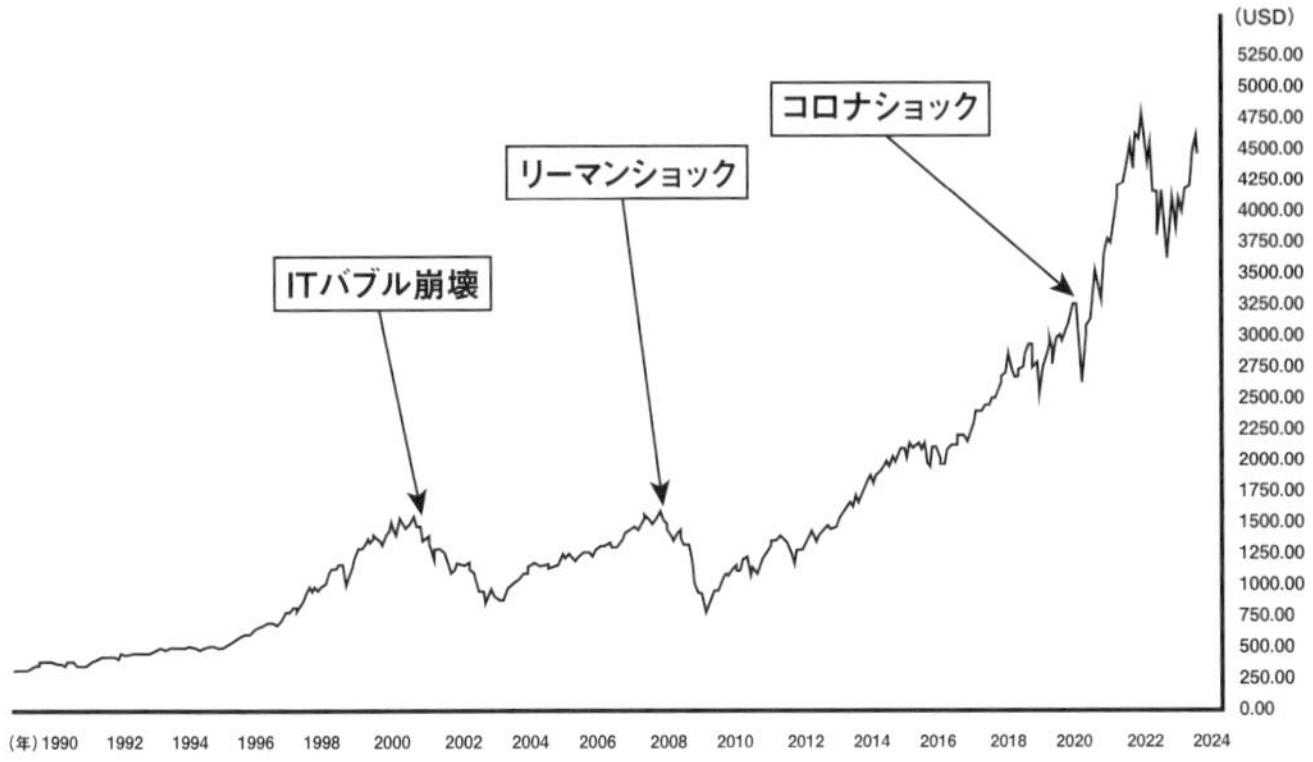

出所：Tradingview https://jp.tradingview.com/

長い年月で見れば、危機を乗り越えて市場は成長を続けている

アンドを選択した場合に勝てない、と言われています。たとえば、米国の「Ｓ＆Ｐ５００」（ニューヨーク証券取引所とナスダック市場の上場企業のうち５００銘柄を対象とした指数。重要なのであとで詳しく解説します）に連動した「インデックスファンド」を買ってください。指数に連動した売買を担当者が繰り返すために、手数料も安いです。自動的に５００銘柄が入れ替わりますので、業績の良くない会社が淘汰《とうた》され、業績の良い会社が残っていくことになります。

図３からもわかるように、２００１年ごろのＩＴバブル崩壊、２００８年のリーマンショック、２０２０年ごろのコロナショックが起きても、アメリカの市場は成長を

続けています。

まさに、リスクを抑えた商品といえます。もちろん、経済危機などに直面すれば買った価格よりも下がる可能性はありますが、長期的にみれば景気が回復することは歴史が物語っています。長期で保有すればリターンは得られます。

ＥＴＦ（上場投資信託）という言葉も最近はよく耳にするかもしれません。ざっくりいえばこれも投資信託のひとつですが、**一般的な投資信託との最大の違いは、株式のように、1日の中で値動きがある点です。**

一般的な投資信託は1日に1回公表される基準価額で取引します。一方、ＥＴＦは通常の株式取引と同じように立会時間（取引所で取引がある時間帯）であれば、いつでもリアルタイムの価格で売買ができます。価格を指定した取引も可能です。

繰り返しになりますが、私のおすすめは優良な投資信託を買って、毎月できる範囲で積み立てる設定をして、後は放っておくだけです。

でも、みなさん、思いますよね。

本当に上がるのか？　って。

世界は99・9%成長する——何も考えなくてもいい

投資信託を毎月コツコツ積み立てていって買って放っておけばいい、といわれても不安な人もいるでしょう。なぜ、それでいいのかをここではお話しします。私のおすすめする**インデックスファンドというタイプの投資信託は、個別銘柄の見極めをせずに、市場全体の成長を買うイメージの商品**です。投資先が勝手に複数に分散されるため、リスクも抑えられます。

もちろん、分散したところで成長するのかという、心配もあるでしょう。

しかし、世界経済は成長していきます。なぜならば、**世界全体では確実に人口が増える**からです。

人口成長と経済成長との相関が高いことは多くの研究が示しています。先進国の成長率が低下しているのは少子高齢化で労働力が以前のようには増えないからというのが有力な仮説です。日本のみならず欧州でも出生率低下で労働力が鈍化しています。

ただ、世界全体でみると人口は増え続けます。現在80億人近い世界の人口は国連の推計では２０３０年までに85億人に達し、２０５０年には97億人に増加すると予測されています。

主にアフリカやアジアで大きく増える見通しです。人口が増えれば当然、モノやサービスの需要も増えます。iPhoneを使う人が増え、コーラを飲む人が増え、ＮＩＫＥのスニーカーを履く人が増えます。自然と世界経済も企業の業績も押し上げられます。

つまり、国には栄枯盛衰がありますが、世界経済全体として成長し続けるのであれば、企業の株価は短期的には暴落することがあっても、上下しながら、長期的にはゆるやかに上がっていきます。

世界の主要市場の成長、すなわち世界の経済成長を買う投資信託もあります。企業どころか、国も選びたくない、選ぶ知識も時間もないというような人は、こうした商品から買えばいいわけです（具体的なおすすめの商品名などは後で詳しくお話しします）。

複利の力で「億り人」になれる

さて、必ず世界は成長するということについてみましたが、次は**「なぜ毎月積み立てる設定だけして放っておいていいいか」**についてお話しします。

それは、**時間をかければかけるほど、時間がお金に価値をもたらす「複利」と呼ばれる効果が発揮されるから**です。

例えば、みなさんが毎月5万円で資産形成を始めるとしましょう。5万円をどう使うか、複利をうまく働かすことができるかどうかで20年後の資産は大きく変わります。

まず、「銀行は金利が低いし、信用ならない」とタンス預金をする場合です。

1年で60万円、20年で1200万円になります。1200万円も決して小さな額ではありませんが、利子はつきません。

では、銀行に預けた場合はどうでしょうか。普通預金の金利を０・００１％で計算すると20年後には１２００万１１９５円になります。

みなさんの中にも「なんとなく不安だから預金しておこう」と考えている人もいるかもしれませんが、20年間、コツコツ貯めても１１９５円の利子しか生まれません。

最後に投資信託です。非課税の場合、年利７％で運用すると、毎月５万円を積み立ててできた１２００万円の元本が２５３７万円になります。最初に商品を選んで、あとは放ったらかしにしているだけで、元本が2倍以上に膨らみます。

タンス預金も銀行預金も投資信託もみなさんの労力はあまり変わりません。特別な知識もいりません。それなのに20年後の資産は全く変わります。ちなみにこれを30年続けると５８４７万円、40年で1億２３５７万円になります。これが複利の威力です。毎月10万円を年利７％で運用すれば30年で約1億２０００万円になります。

複利の力を知っていれば、資産運用の考え方も大きく変わるはずです。**共働きで頑張っ**

図4 毎月10万円を年利7%で積み立てた運用成果のシミュレーション例

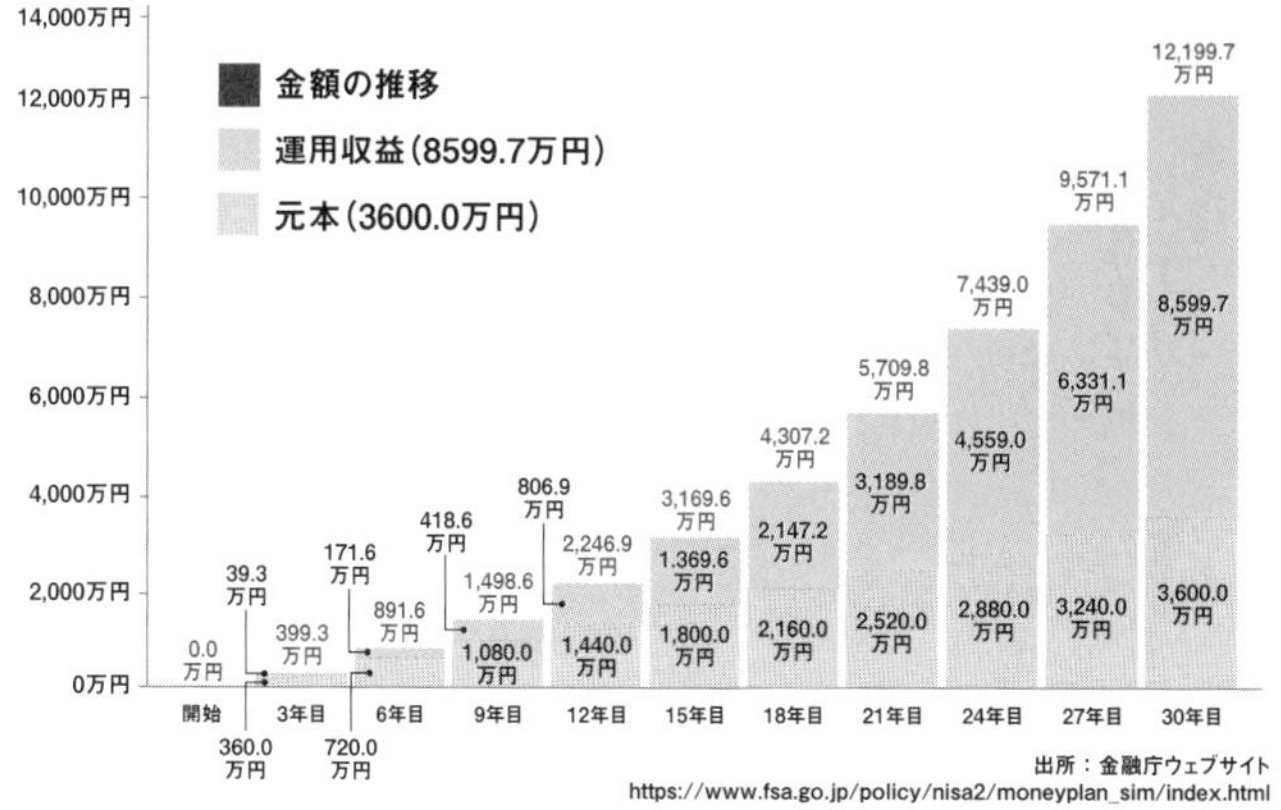

出所：金融庁ウェブサイト
https://www.fsa.go.jp/policy/nisa2/moneyplan_sim/index.html

複利の力によって、長期投資の効果は期間が長いほど大きくなる

て月20万円を積み立てて年利7％で運用すれば、20年で1億円を超えます。30代後半で始めたとしても還暦前には「いつのまにか億り人」です。

複利の威力を大きくするためには、なるべく長い時間、投資を続けることが最も効果的です。5年よりも10年、10年よりも20年、20年よりも30年。時間がたてばたつほど「働くお金」が大きくなって得られる金利が増え、その金利を加えることでまた「働くお金」が大きくなります。**月5万円で30年積み立てると元本1800万円が5847万円、月20万円で30年積み立てると元本7200万円が2億3389万円と3倍**

以上に資産は膨らみます。雪だるま式の効果が見込めます。「長期でコツコツ積み立てて、放っておく」スタイルは、複利のパワーを最も味方につけやすい方法です。

複利の力を使わずに積み立てれば、それは永遠にただの足し算の蓄積にしかなりません。1万円に1年働いてもらっても貯金箱に入れて、また新たな1万円で1年働いてもらっての繰り返しでは、自分が新たに追加しているお金は同じ年1万円でも大きな効果は見込めません。

ところが、小さくても掛け算が入ると、時間が経過するごとに複利の効果が生まれます。複利効果を発揮させることで、みなさんが手にする果実の大きさはまったく異なってきます。

そして、複利効果を最大限に発揮するのは、単純に、放っておくことなのです。実際には、**最初に1度積み立て投資の設定をして、あとは自分の収入が増えたタイミングで積み立て額を見直すのがよい**でしょう。それだけでまた、複利で資産の増えるスピードが上がります。

なぜ一括でなく積み立てなのか

複利の威力についてはみなさんわかっていただけたでしょうか。みなさんの中には「それであれば、大金を一気に投じて、長い時間をかけてその元本が複利効果を生んでいくのを待ってもいいのでは」と思われた人もいるはずです。

しかし、私がおすすめするのはあくまでも長期積み立てです。サラリーマンや個人事業主であるあなたは、基本的には毎月コツコツお給料や報酬という形でお金が入ってくると思います。それを自動積み立て貯金のようなイメージで、優良な投資信託に自動積み立て投資するのです。「余裕ができたら」とか「お給料が上がったらいつか始める」という声をよく聞きますが、そういう方々は数年後に会っても同じことを言っています。

毎月の積み立て設定を先に行ってしまいましょう。余ったお金で毎月暮らしていくのが、長期の積み立てを成功させるために最適な方法です。

投資信託への投資は、現金化するときに損益が確定します。安い時に買って、高い時に売れば「儲かった」ということになります。こう聞くと「それならば、暴落した時に買って、値上がりした時に売ればいいのでは。簡単だ」と誰もが思います。実際に、その方法で株式投資に成功した投資家はいます。数年で投資によって億万長者になった人たちの多くは、売り買いのタイミングを制した人たちです。

しかし、ここでよく考えてほしいのはそうした人たちの方法に再現性があるかです。果たして、誰でもできるのでしょうか。書店には投資で億を稼ぐような本があふれていますが、書いている人たちは全員成功した人たちです。**失敗した人たちの声を私たちは聞く機会はあまりありません。**

そもそも、そんなに誰もができるのならば、みなさんの周りも億万長者だらけになっています。ただ、実際はどうでしょうか。ほとんどいないはずです。それなのに、投資を始めようとする人の中には「俺もうまくできるはず」とレアな成功者の真似をするケースが後を絶ちません。これはかなりリスクが高いといわざるをえません。

というのも、**投資で誰もが頭を悩ませるのが「いつ買うか」**だからです。可能であれば高値摑《つか》みせずに、誰もが安く買いたいはずです。とはいえ、いつが高値か安値かはわかりません。「いまが買い！」とわかれば誰でも億万長者になれます。売買のタイミングは誰にも読めません。

株価の値動きのグラフを後から見れば「ここで買えばよかった」「ここで売ればよかった」と誰でもすぐに分かりますがそれは結果論です。値動きのグラフの真っただ中にいる段階では、上昇局面でこのまま上がり続けるのか、あるいは下降局面でこのまま下がり続けるのかはわかりません。「ここが底だ」と思って買ったものの、そこから奈落《ならく》の底まで落ちていくこともよくあります。「バブルはもう崩壊する」と思って下げに転じることを予想して売ったものの、そこから空前の好調相場が始まることもあります。

ですから、売り買いの法則は再現しようがありません。過去のグラフの動きから法則性を見いだす「テクニカル分析」と呼ばれる手法もありますが、常に想定外のことが起き、因果関係が変わるのが市場です。成功した人が過去を振り返って成功の要因を説明することはできますが、その法則にのっとって未来も勝てるとは限りません。

それなのに、大金を投じて一括で買ってしまったらどうでしょうか。タイミングが悪い時に買ってしまったら、嫌ですよね。ただし、富裕層のお客様には一括を勧めています。持ち堪《こた》えられる金銭があるので、メンタル的にも耐えられるのです。

多くの人のこうした悩みを解消してくれるのが「積み立て」なのです。この仕組みさえ理解していれば、あなたのお金に対する感覚は劇的に変わるはずです。

当然ながら、投資信託も株と同じく価格が変動します。**株の時価は株価ですが、投資信託の時価は基準価格と呼びます。積み立て投資は同じ商品を定期的に同じ金額で買える量だけ自動的に買う仕組みです。基準価格が高いときは少なく、低いときは多く買えます。**これがポイントです。

積み立て投資ならば、値動きを見ながらタイミングを計る必要がありません。価格が高いところで買うこともありますし、安くなったところで買うこともあります。一定額を定期的に買い付けるので、買い付け価格をならしてくれて投資リスクを軽減できます。タイミングを誤るリスクを分散させることもでき、非常に効果的です。

積み立ての素晴らしさを理解していないと結局は世の中の経済の動きに一喜一憂して、仕事も遊びも手につかなくなってしまいます。暴落どころか少しだけでも下がってマイナスになったら怖くなって追加投資をやめてしまうことにもなりかねません。お金が必要に

なったタイミングでやめてしまう人もいるでしょう。

積み立てが強力な武器であることを理解できていれば、世の中の動きに翻弄《ほんろう》されることはありません。

私のクライアントの中にもコロナショックの際に血相を変えて「売りたい、売りたい」と連絡してきた人が少なくありませんでした。投資を始める際にはみなさん、今、私がお話ししたような積み立ての強みや市場の成長性を理解していましたが、あれほどの暴落が起きると不安になってしまうのも無理はありません。毎日、資産が目減りするわけですから、気持ちはわかります。ですから、私はもう1度、投資信託や市場や世界経済の仕組みを説明し、「世の中には100%はありませんので100%とはいえませんが、99・9%戻ります」とお話ししました。結果的には、みなさん思いとどまり、今では感謝されています。そして、中には多くの投資家がろうばいしている中、買い増したクライアントもいました。

私も歴史を勉強しましたし、世界経済の今後の動きをしっかり理解していたので、このタイミングで買ったクライアントは大きな利益を出すことができています。

コツコツ積み立てている人にとっては大きな値下がりはむしろチャンスなのです。

値下がりは仕入れのチャンス

株価が上がれば資産価値が膨らむのでうれしいですが、積み立て投資の場合、実は下がってもメリットがあります。下がるとその時点では資産は減りますが、買い付け価格が下がればその分、たくさん買えるからです。

例えば、みなさんが毎月1万円分、商品Aを買っていたとしましょう。最初は1万円で100グラム買えました。ただ、市場で商品Aが値下がりしました。価格が下がると、同じ金額で買える量は増えるので、1万円で30グラム多い130グラムも買えることになりました。その後価格は上昇して、今度は1万円で80グラムしか買えなくなってしまいました。つまり、その時々の価格で、同じ金額を払っていても買える量が変わります。

積み立て投資をしていて、価格が下がってもプラスに感じるというのは、いわば商品を安く仕入れられるのと似ています。なぜなら、すでに買ったものは値下がりして価値を下げますが、安値でたくさん仕入れられることにもつながります。

みなさんが買った投資信託の中には、高い時に買ったものもあれば安い価格で買ったものもあります。ただ、安い価格で買えた期間が長ければ長いほど、いざ値上がりしたときの儲けが大きくなります。そして、長い目で見れば、**世界の経済はほぼ確実に成長します。**

このような**価格が変動する金融商品を定額で、量を変えて買い続ける購入法を「ドル・コスト平均法」と呼びます。**

専門家の中にはドル・コスト平均法こそ最も優れた投資手法だと指摘する人もいます。一定額を自動的に積み立てる手法は、忙しかったり、お金の動きが気になってしまいそうだったりする人にはおすすめです。つまり、投資は考えようによってはいつでもいくらからでも始められます。

というのも、**多くの人は、一括で大金を投資してしまったら、タイミングが正しかったかどうか、そのお金が増えているかどうか気になって仕事や家事どころではなくなってしまう**からです。仕事や休暇の合間に頻繁に値動きをチェックしては一喜一憂することになるでしょう。それではお金に時間＝人生を支配されてしまいます。一方、ドル・コスト平均法で、タイミングを一切測らず自動的に淡々と買い続ける積み立て設定をしておくと、いつ買うのかを意識することもなくなります。お金の動きを気にして一喜一憂を強いられるコストもかかりません。

そして、積み立て投資はいつからでも始められます。

投資信託をいくらから買えるかは取り扱う金融機関や商品によって異なりますが、一部のネット証券では月100円から購入可能です。

個別株の場合はある程度まとまった額が必要ですが、投資信託の場合は収入や資産の多い、少ないに関係なく少額から投資できます。

値動きに一喜一憂しない

みなさんの周りで投資をしている人は株価が「上がった」「下がった」と一喜一憂している人もいるかもしれません。投資を始めたばかりの人でトヨタ自動車やアップルなど個別銘柄の株式を購入した人は、スマホで常に値動きをチェックして仕事も手につかない人も少なくないでしょう。

投資信託でも最初は気になるかもしれません。

ただ、投資信託はお話ししましたように、いくつもの株が入った箱です。ですから、個別株に比べて値動きは緩やかになります。そこまで大きく動かなければ、良くも悪くも気にする必要はありません。

考えてみてください。最初のうちは投資額が少額だと思いますので、仮に2万円で買った投資信託が5%値上がりしたとします。利益は1000円です。もちろんこうした利益の積み重ねが大事ですが、値動きにばかりとらわれすぎてしまうと仕事に支障をきたします。おそらく**ロスした時間の価値は、1000円以上になっているはず**です。

広く分散された、低コストで、これからも成長が見込まれる投資信託の積み立て投資ならば、長期的に見ればほぼ99%増えます。そして、前にもお話ししましたが、世界の人口は増え続けますので、企業のモノやサービスの需要は増え、長期的にみると経済は成長し続けます。

ですから、誰でも優良な投資信託をただ長く持っているだけでリターンが得られます。

99％というのは、もしかすると誰もが予想していなかった天災や世界規模の戦争で地球が壊滅状態になる可能性もあるからです。そうした状態になったら、株価や資産どころか生命の危機です。投資信託どころではありません。ですから、そうした地球滅亡の危機以外でしたら、かつてない経済危機が起きようが、そのまま持ち続ければかなり高い確率でプラスになります。

私は投資と仕事が直結していますし、**自分の資産も投資に回すのが大半ですが、1年に1回も運用実績を見ない時があります。中長期で株価が上がることを心の底から理解しているので見る必要がありません。**

それに、私もプロとはいえ人間です。長期で必ず上がると理解していても、経済危機で大暴落していたら、収益が気になりますし、ストレスを感じるでしょう。だから、見ません。

そもそも、見たところで資産が増えるわけでもありません。自分ではどうしようもない株価の動きとにらめっこしているならば、私は家族との時間を選びますし、自分の健康のためにジムに行きます。**お金と違って時間は有限です。**何に使うかを選ばなければいけません。だから、私はほとんど株価を見ません。

専門家である私ですらほとんど見ないわけですから、**金融と関係ない職種の会社員や、**

自分の事業がある事業主の方は全く気にする必要はありません。みなさんはギャンブルをしているわけではないのです。

本業もあれば、恋人や家族もいるでしょう。自分のやりたいこともあるはずです。毎月積み立てる設定をして、後は放ったらかし続ける積み立て投資が最適解なのです。

リーマンショックの前日に買っても長期保有は損しない

投資はプロでも、いつ売り買いすればいいかのタイミングを見計らうのは至難の業です。ましてや、仕事や趣味に忙しいみなさんが、そんなことに時間も気力も使うのは簡単ではありません。

例えば、1970~2016年まで2400週あまりの期間に米国の代表的な株価指数である「S&P500」の指数は2151%のリターンを示しました。ただ、これはあくまでもずっと持っていた場合の話です。

もし、**一番リターンが良かった週を逃したら、1873%にまで下がります。リターンの良かった週を1週ではなく10週逃したら、リターンは820%になってしまいます。そして、20週逃したらリターンは383%まで減ってしまいます。**2400週のうちのわずか20週、確率にすると1%にも満たない週を逃してしまうだけでこれほど運用実績が変わってしまうのです。

どうでしょうか。みなさんにこのわずかな確率を見極めることが可能でしょうか。こんなのはよほどのプロが運を味方につけて売り買いしない限り無理でしょう。**逆に、素人でもコツコツと続ければ勝てる**のです。ウサギになろうとせず亀のようにじっくり歩めばいいわけです。

みなさんの不安を解消できるデータをもうひとつ紹介しましょう。

市場が大暴落する前日に投資した人の例です。まとまったお金を一気に投じたとしても、15年以上持ったら損は出ないという結果を歴史が裏付けています。**リーマンショックのような大暴落が起きる前日にドカンと大金を投じてもプラスに転じる**のです。これまでお伝えしましたように、そもそもいつが底かはわかりません。**もうこれ以上、下がらないと思**

っても下がるのが株価であり、上がらないと思っても上がるのが株価です。

みなさんは積み立ての威力をすでにおわかりですので、一気にお金を投じるようなことはないと思いますが、歴史的にも最悪のタイミングでまとまったお金を投じたとしても持ち続ければプラスになります。1950〜2020年の米国株価指数のS&P500に投資した期間と年平均のリターンをみると、**どんなに最悪なタイミングで投資しても15年以上持っていればマイナスにならなかった**というデータがあります。さらに我々は毎月積み立てていく戦略を取るので長く株価が低迷しても平均購買価格を押し下げてくれて上がった時のリターンも期待できます。

ですから、**一喜一憂せずに、積み立てて、ある意味、株価に鈍感であることが、幸せな人生には不可欠**といえます。

話題のインデックスファンドとは

投資信託は商品さえ選んでしまえば、投資先の吟味などはプロにお任せできます。商品は無数にあります。具体的におすすめの商品は後程お話ししますが、その前に大きな枠組みをさらに理解しましょう。

投資信託はみなさんの代わりにプロが市場で株や債券を買います。この際にどのように買うかはプロにお任せになりますが、買い方の大きな方針は選べます。大きく2つの種類があります。

ひとつは**インデックスファンド**です。

これは日経平均株価などの市場の指標に価格が連動するように運用する商品です。仕組みもわかりやすいですし、値動きの理由も理解しやすいです。

例えば日経平均に連動する商品でしたら、日経平均価格が上がれば価格が上がり、下がれば下がるように市場で株式を機械的に取引します。

株式指数には、他にも国内ではTOPIX（東京証券取引所のプライム市場に上場する全銘柄を対象とした指数）があります。海外ではNYダウ平均（ニューヨーク証券取引所やナスダック上場の30社の株価から計算した指数）やS&P500が有名です。

株式だけでなく債券などさまざまな市場に指標があり、それに連動したインデックスファンドが存在します。いずれも市場平均とほぼ同じ運用成績になります。

もうひとつの運用方針が**アクティブファンド**です。プロが独自の視点で銘柄を選び、市場の指標を上回る運用を目指します。当然、運用するプロの腕次第で運用成績も左右されます。内容も千差万別であり、例えばベンチャー企業に特化した商品もあれば、業種に特化した商品もあります。

「どっちがいいんですか」といわれると、**私のおすすめはインデックスファンドを買うことです。**

「インデックスファンドってよく聞くけど、市場の平均点ではあまり儲からなさそう」という声もあるでしょう。

確かに市場全体が下がればインデックスファンドは必ず下がりますし、市場全体が上がっても市場の平均よりも大きく伸びることはありません。インデックスファンドはいわば市場全体を買うようなものです。

株式会社は成長を目指します。ですから、長期的にみれば浮き沈みはあっても、市場全体は成長します。資本主義が終わらない限り、世界的な大暴落があっても右肩上がりになるともいえます。個別企業の成長は見通せませんが、市場全体は成長するという発想です。

ですから、**インデックスファンドは平均以上に儲かりませんが、平均以上に損もしません。**

ただ、市場全体と連動すれば当然、あまり業績が良くない企業の株価も反映されます。これを効率が悪いと考える人もいるでしょう。

一方、アクティブファンドの場合は、市場が下がっていても、銘柄の選定次第では流れに抗《あらが》えますし、市場が上昇局面ならば市場平均より大儲けできる可能性もあります。

もちろん、必ず市場平均を超えられるわけではありません。元本を割り込むリスクもあります。

つまり、**市場全体を買うか、それともプロの目利きを買うか**の問題になります。最近は

「インデックスファンドの方がアクティブファンドよりもいい」という論調もやっと広まってきたようです。日本の闇のような皮肉な話ですが、一生懸命手数料の高いアクティブファンドを売っている金融機関の知識層たちの間ではずっと、本当はインデックスファンドの方がいいと言われてきました。私のおすすめは断然インデックスファンドです。

プロの運用した9割のアクティブファンドが、インデックスファンド、ただの経済の指数に勝てなかったというデータもあります。ですから、**長期的に安定的な資産を形成するにはインデックス投資が最適解になります。**

つみたてNISAは「億り人」へのチケット

ここまで読んで、「よし、インデックスファンドで積み立て投資をしよう」と決心した人におすすめしたいのが、つみたてNISAです。みなさんの周りにも始めている人は多いと思いますが、この制度のメリットを理解していないと、「お金ないから、積み立てやめよう」となりかねません。

つみたてＮＩＳＡは投資で得た利益（値上がり益や配当金）にかかる税金がゼロになります。通常の投資は利益に約20％が課税されますので、いかにメリットが大きいかがわかるでしょう。

例えば毎月３万円を年間の利回り（利率）を７％で20年間、積み立てたとします。

７％と聞くと日本の銀行の超低金利に慣れている人からすると「高い！」と感じるかもしれませんが、非現実的な数字ではありません。

私は特にＳ＆Ｐ５００に連動した投資信託をおすすめしていますが（理由は後述）、１９８８～２０２２年でＳ＆Ｐ５００に20年積み立てた場合の平均利回りは９・７５２％、30年では９・９０９％です。今後はここまで見込めないとの指摘もありますが、７％は決して的外れな数字ではありません。

そうすると、**月３万円の20年積み立てで約１５００万円になります。元本は７００万円ほどで、利益が約８００万円です。元本に利子がつき、さらに利子がつき……と雪だるま式に膨らみます。**

通常ならば800万円の利益には約20%にあたる160万円程度を税金で納めなければいけません。この必要がなくなります。

みなさんに朗報なのは、2024年1月から現行のNISA制度は新NISAとなり、さらに威力を増します。ですから、非課税で運用できることのメリットを知っている人にはかなりお得な制度になります。**新NISAでは2つの非課税枠ができ、つみたて投資枠120万円、成長投資枠240万円と、〝年間投資枠〟の最大値は360万円まで拡大、1人当たりのトータルの非課税保有限度額は1800万円**になります。

120万円のつみたて投資枠に関しては、現行のつみたてNISAと同様、一定の投資信託に積み立て投資のみをすることができます。一方、年間に240万円の成長投資枠では、上場株式や幅広い投資信託へ、積み立て買い付けだけでなく、通常の買い付けもすることができます。

今この説明を聞いて、「なんだか難しそうだな」と思った方もいるかと思います。しかし、この辺については、そこまで詳しく覚えておく必要はありません。理由を説明します。2023年7月、成長投資枠の中で投資できる投資信託の商品リストが、1000近く発表されました。私はそのリストに目を通しましたが、はっきり言って、ほとんど金融機関が私たちに販売したい商品でした。つまり、手数料が高く、金融機関にとって利益になっても、中長期的に我々にとって利益になる可能性が低いと考えられる商品だったのです。

だから、1人ずつ、トータルで1800万円の非課税枠をもらえたのだ、と覚えておくだけでも良いと、私はクライアントにアドバイスしています。

絶対に覚えておくべきなのは、**つみたて投資枠だけで、非課税保有限度額（1800万円）を使いきることも、実は可能**だからです。この新しい非課税枠で私たちが買うべき商品は、本書で伝えてきたように、広く分散され、低コストで、これからも成長の見込まれる投資信託だけです。

新NISAは非常に優れた制度ですが、成長投資枠の罠にははまらずに、メリットだけをしっかり享受していくようにしましょう。

また、これまでは非課税期間も積み立て型は20年と限られていましたが、撤廃されます。生涯に積み立てられる枠は1800万円と決まっていますが、普通に考えれば十分な枠です。

例えば、**毎月6万円ずつ25年積み立てると1800万円になります。利回りを7%で想定すると、元本と運用収益を合わせて約4700万円になります。つまり、3000万円近い利子がついて税金もかかりません。老後のお金を気にしないで大丈夫な額が自然と貯まります。**

もっと極端な例では、若くして相続などで1800万円を手にしたとします。これを毎月30万円、年360万円を5年にわけて積み立てたとします。そうすると、30年も経たずに1億円を超えます。**いつのまにか「億り人」**になっているわけです。

身もふたもない話ですが、新NISAでのインデックス投資は資産がある人には長期の勝ちが確定するような仕組みです。ただ、資産がなくても仕組みを理解していれば、コツコツと積み立てることでお金をいつのまにか増やせます。

新制度は来年（2024年1月）からですが、**現行のNISAを始めていない人は今すぐにでも口座を開きましょう。**というのも、**来年以降、これまでの非課税枠も実は上乗せされる**からです（口座は新旧で別です）。今開いておけば、1800万に今年の枠である40万円が加えられて1840万円までが非課税になります。2年前からやっていれば80万円

（40万円×2）広がって1880万円、3年前からやっていれば120万円（40万円×3）増えて1920万円になります。

個人的には、**これからも日本に住み続ける日本人はつみたてNISAをやっておけば間違いない**というのが私の投資の結論です。

つみたてNISA×iDeCo＝最強

つみたてNISAと並んでよく聞く投資用語に**「iDeCo（イデコ）」**があるかと思います。

NISAと共通するのは、**投資で得た利益にかかる税金がゼロになる点です。**積み立てられる額が異なるなど細かい違いはありますが、NISAとの最大の違いは**「iDeCoは60歳まで口座からお金を下ろせない」**です。

おそらく大半の人は「えっ、それは何だか嫌だな」と思われたはずです。確かに20代ならばもちろん、30代、40代でも60歳の時に自分の生活がどうなっているかはあまり想像できません。私も正直、イメージがつきません。それなのに、それまで資産が下ろせないとなると少し不安です。

ただ、下ろせないということは、どのような状況になろうと手がつけられないので、「もう下ろしたい」と思おうが、株式市場が下落して怖くなろうが、資産はホールドされます。ですから、老後資金を用意する意味では最強です。**iDeCoは老後の不安を強制的に取り除く「積み立てマシーン」**ともいえます。

みなさんの暮らしにかかわる点でNISAとの大きな違いをもうひとつあげると、みなさんが毎年払っている所得税や住民税などが安くなります。**iDeCoの掛金は全額が所得控除の対象**です。支払った掛金と同じ金額だけ、課税所得が減り、そのぶん税金が安くなります。

例えば、毎月2万3000円を掛金として支払った場合は、年間で27万6000円（2万3000円×12カ月）が課税の対象となる額から引かれます。

年収500万円の会社員の場合、細かい計算は省きますが、その年の12月の給与で2万7600円分の所得税が戻り、翌年の住民税の額が2万7600円減額されます。つまり、5万5200円の節税効果があります。

もちろん、積み立てたお金には長期で考えれば利回りが期待できます。それに加えて、年5万円以上も戻ってくるわけです。

ですから、「NISAよりもiDeCoを先に始めましょう」とおすすめする専門家もいます。

みなさんが気になるのは、「結局、どちらを買えばいいのか」でしょう。

これに関しては、**資金力に余裕がある人は組み合わせが最強です。NISAとiDeCoの併用です。**

私のクライアントでも大手企業勤務や公務員の方でこのまま定年まで勤めるつもりだけど、老後がなんとなく不安という方が少なくありません。

「浪費しているわけでもありませんが、漫然と貯金しているだけでいいのでしょうか……」。そうした相談には、NISAとiDeCoの併用をおすすめしています。

特に、すでに住宅ローンも返し終わっているようなクライアントには、NISAとiDeCoの組み合わせに加え、それとは別に特定口座で投資信託（こちらは利益に税金がかかります）を月10万円ほど積み立てている人もいます。毎月20万円ほど積み立てているので、利回りを6％で想定すると、25年で1億3000万円を超えます。貯金だけだと6000万円なので2倍以上になる計算です。

もちろん、「つみたてNISAに現行の満額である3万3333円を入れて、iDeCoにも」とは誰もができるわけではありません。

そうした場合、「60歳まで何があっても働き続ける」という強い気持ちのある方でしたらiDeCoでも問題ありませんが、人間はいつ気が変わるかわかりません。自分が変わらなくても、経済情勢や家族の状況などで、人生は思わぬ方向に進みます。ですから、**「少しでも迷ったらつみたてNISA」**と私はクライアントに助言しています。

この本では「長期積み立て投資で放置」が大原則です。それは、幸せはお金以外にあるからです。**みなさんの限られた時間は夢を実現させたり、暮らしを充実させたりすることに使うべき**です。

中には**起業したい人もいるでしょうし、若いうちに世界を見て回りたい人もいるでしょょ**

う。

そうした場合、少なくないお金が必要になります。NISAでしたら、いつでも必要な額を下ろせます。

特に前述したように来年から非課税枠が増えます。お金に余裕があっても、併用せずにNISA一本で積み立てるのもありでしょう。

アメリカ株を買え

「いや、そうはいっても投資信託ってたくさんありますよね」という声も聞こえてきそうです。確かにその通りで、管理も運用会社に一任できるとはいえ、みなさんは最初に「箱」(商品)を選ばなければいけません。

購入できる商品は金融機関によって異なりますが、国内で買える商品は約6000ともいわれています。これだけあれば自分の好みに合いそうな商品もありそうですが、一方で

「多すぎて選べない」というのも本音でしょう。とはいえ、大きく分ければいくつかの種類に分けられます。

まず、どの地域に投資するかです。日本なのか、先進国（日本を除く）なのか新興国か。一般的には為替のリスクもありますので、日本国内が最もリスクが小さく、新興国はリスクが大きくなりがちです。地域を選ぶのも面倒くさいという人には、世界全体に投資する商品もあります。

何を買うかもざっくり選べます。これまでは株式を例に投資信託の特徴をお話ししましたが、株以外にも国債や社債などの債券やリート（不動産投資信託）に投資できます。リートは集めたお金をオフィスビルや住宅などに投資する仕組みです。

一般的に債券、リート、株の順に変動は大きくなる傾向にあります。この3つ以外にも金《きん》や原油、小麦などに投資する商品もあります。時には株式よりも大きく動きます。

投資信託はどこの地域の何に投資するかの組み合わせです。例えば、国内の債券に投資する商品の値動きは安定していますが、リターンはあまり期待できません。新興国の株式に投資する商品でしたら、高い成長は期待できますが、リスクも大きくなります。

ここまでが投資信託の一般的な仕組みですが、**私のおすすめはアメリカ株に連動した商品**です。

クライアントの年齢、家族状況、資産額、リタイアメントプランによって、当然ですがおすすめする商品は変わってきます。しかし「長期で何か1つだけ投資信託を選ぶなら」という条件でしたらほぼ一択です。

この原稿を書いている2023年7月、日本株が高騰しています。日経平均株価は1990年以来の最高値を更新しました。

みなさんが投資のプロやセミプロでしたら日本株を短期で売買するのもありでしょうが、みなさんは専門家ではありませんし、投資が趣味で毎日チャートや株価のチェックをして一喜一憂したいわけでもないですよね？　そもそも長期保有が前提です。繰り返しますが、投資はお金だけではなく、お金の不安を抱えずに幸せを追求することが目的です。

ですから、理由は後述しますが、アメリカ株に連動した投資信託を長期で買いましょう。初心者がストレスなくできる、簡単で最も再現性の高い方法です。老後の資金を限りなく100％に近い形で増やす解とも言えます。

ここで、つみたてNISAの仕組みを理解していないと続かないのと同じように、アメリカ株がなぜ凄《すご》いのかも、本当の意味で理解していないと、続けるのは難しくなります。

心の底から「アメリカ株に投資することが再現性の高い王道」だと理解していないと、コロナショックやリーマンショックのような大暴落が起きた場合、不安になる人が大半でしょう。おそらく、みなさんの周りにもそういう人はいたはずです。

銀行や証券会社のセールスに勧められて、よくわかっていないのに投資していたら、不安になるのは当然です。自分の大事なお金が減ったら、「こんなに下がっているのにさらに追加で積み立てるなんてあり得ない」と投資を続けるのが怖くなるはずです。自分の資金が投資商品に拘束されているのが嫌になって、解約したくなるに違いありません。

私自身も、どんなに暴落することがあっても自信を持って積み立て投資を続けて資産を増やし続けていますし、私のクライアント達も心の平穏を保ちながら資産をコツコツ積み上げています。むしろ、暴落時に積み増すクライアントもいます。それも、アメリカ株は必ず成長すると信じているからです。

アメリカ株に投資すべき7つの理由

さて、前置きが少し長くなりましたが、アメリカ株に投資する7つの理由をここではお話しします。①**「世界中で強いアメリカの企業」**②**「右肩上がりを続ける米国市場」**③**「成長を続けるGDP」**④**「株主を重視した経営で株主へ利益還元」**⑤**「日本と全く違う社会の仕組み」**⑥**「長期にわたる人口増加」**⑦**「進化し続ける財政政策や金融政策」**です。

これらを理解することで、投資初心者だった私や私のクライアントたちは資産を増やし続けています。私は投資について深く勉強する必要はないとお話ししましたが、投資信託の仕組みとこの7つだけは理解してください。この7つを理解できれば、世界経済の大枠も理解できます。**アメリカを知ることは世界経済を知ることとほぼイコール**だからです。

①世界中で強いアメリカの企業

これはわかりやすい理由です。アメリカ企業の世界での強さを考えればアメリカ株に投資するしかあり得ません。アメリカ企業の株を持つということは、GoogleやAmazonなどで働いている、ハーバード大学やマサチューセッツ工科大学を卒業した超優秀な人たちに投資することです。私たちが寝ている間も、ご飯を食べている間もSNSを見ている間もあなたのために働いてくれることと同じ意味を持ちます。

そして、アメリカ企業はアメリカ国内だけではなく、全世界を舞台に商売しています。それはみなさんの日常を考えればわかるはずです。

今、**みなさんの生活において食べ物以外で「これがないと生きていけないもの」を思い浮かべてください。** スマホやパソコンと答える人が圧倒的に多いのではないでしょうか。iPhoneやiPadを使って、Googleで検索したり、TwitterやInstagramを見たり、仕事でWindowsのOSのパソコンを使ったりするのは暮らしの一部になっています。これらは全てアメリカの企業がつくりだした商品です。あなたが日常的に使っているモノやサービスの中にはアメリカの会社のものがいっぱいあるわけです。

ですから、**アメリカに投資するだけで全世界の経済に投資している**ともいえます。

私はクライアントから「イッセイさん、長期でアメリカに投資するのがいいといわれますが、これからはアフリカの人口が伸びてアフリカの時代が来るって聞きましたよ」とよく指摘されます。

確かに21世紀はアフリカの時代ともいわれています。人口も増加し続けていますし、何よりも次代を担う若い人が圧倒的に多いのは魅力的です。アフリカ全体では現在人口は約13億人ですが、そのうち15～35歳は4億人以上で全体の3分の1も占めています。

でも、よく考えてみてください。アフリカで人口が増えると結局、誰が得をするのでしょうか。

アフリカの人口が伸びて、経済が発展していけばアフリカの国々の人たちはモノやサービスを欲しがります。若い人が多ければなおさらです。iPhoneを持ったり、Amazonで注文したり、コーラを飲んだり、NIKEの靴で走り回ったり、Disneyの映画を見たり。全部、アメリカ企業です。**世界の仕組みはアメリカ企業が儲かるようにできています。**

日本やアメリカだけでなく、アメリカ企業の製品は世界中で使われています。ですから、世界の人口成長の恩恵も受けられます。２０５０年に世界の人口が１００億人近くなるとお話ししました。iPhoneやGoogleに代表されるようなアメリカ企業の製品やサービスを多くの人が使うようになれば、アメリカ企業の株価も当然伸び続けます。

②右肩上がりを続ける米国市場

２つめはアメリカ市場の成長力です。これは①の裏返しでもありますが、アメリカと日本の株式市場には圧倒的なパフォーマンスの差があることは歴史が物語っています。

本書でも少し触れましたが、「NYダウ」や「日経平均」という言葉はニュースで何度も聞いたことがあるでしょう。どのようなニュース番組でも番組の最後に為替の動きと一緒にこれらの値動きが報じられます。

NYダウの正式名称は「ダウ工業株30種平均」といいます。正式名称を覚える必要は全くありませんので、ここでは**アメリカ株の全体的な値動きを表す数値**ぐらいに思っておいていただければ大丈夫です。

一方、**日経平均は日本を代表する225銘柄から算出された株価指数**のことです。ここでは難しく考えなくていいので日本の株の全体的な値動きを表す数値と理解してください。

みなさんはおそらく「失われた30年」という言葉を聞いたことがあるでしょう。その言葉が示すように、**日本の株価は1990年代初頭から全く成長していませんでした。**最近、1990年以来の最高値を更新というニュースがよく報じられていますが、30年ぶりにかつての水準に近づきつつあります。

では、アメリカはどうだったでしょうか。

ITバブル崩壊、リーマンショック、コロナショックなどを経験しながらも復活してきており、アメリカ株の力強さが目立ちます。

NYダウの算出が始まったのは1896年です。かれこれ120年以上の歴史を持ちますが、この間、過去最高値を更新し続けています。

このデータから分かるように、**アメリカの株式市場（NYダウ）は長期にわたって高い上昇を示しており、その パフォーマンスは直近の30年間で約12倍にもなります。100万円だった資産が1200万円になる計算**です。

30年間、全く成長していない市場と12倍に成長している市場。みなさんが投資に詳しくないとしてもどちらに投資したいかは明確なはずです。

③成長を続けるGDP

アメリカに投資するべき理由の3つ目は、成長を続けるGDPです。

「GDPって、中学生の頃に社会の授業で習ったような気がするけど、なんのことだか忘れちゃったよ」という人もいるでしょう。

GDPはGross Domestic Productの略です。日本語では国内総生産といいます。重要なのは仕組みを理解することです。ですから、超シンプルに**「GDPは国の豊かさを示す指標」**とだけ覚えておいてください。そして、アメリカのGDPは右肩上がりに伸びており、安定して継続的に成長しています。

一方、日本のGDPは1990年代後半からほとんど伸びておらず、一進一退の状況が続いています。

日本経済が絶好調だった1980年代後半のバブル期を経て、1990年代初頭にはアメリカに近づいた時期もありました。しかし、バブル崩壊と共に圧倒的な差をつけられて、今ではアメリカのGDPは日本の約4倍になっています。2010年には中国にも追い抜かれてしまいました。

基本的に株価はGDPに比例して動く傾向があります。ですから、GDPが順調に伸びているアメリカは株価も大きな成長を遂げてきました。世界のGDPの4分の1近くをアメリカ一国で占めています。アメリカの企業が世界中で強いと説明しましたが、GDPの観点からも裏付けられます。

重要なのは、今後です。アメリカの金融格付け機関のモーニングスター社や世界中の大手金融機関のアナリストはアメリカのGDPは今後も長期にわたって成長していくと予測しています。アメリカ株が中長期的に「買い」なのは揺るぎません。

④株主を重視した経営で株主へ利益還元

アメリカ企業の中には株を持っている人に配当金を年4回支払う企業が多くあります。

日本は年2回の配当を株主に払うので、この点は大きく異なります。

また、**アメリカの企業は、株主への利益還元として配当金（配当の額）を非常に重視します。**毎年、配当金を増額することを連続増配といいますが、連続増配の企業が多数存在します。中には、半世紀以上つまり50年を超えて増配を続ける力強い企業もあります。

例えば、日本でもおなじみのプロクター・アンド・ギャンブル（P&G）は67年、ジョンソン・エンド・ジョンソンは60年も連続増配しています。コカ・コーラも61年で、マクドナルドは46年です。

日本の企業ではみなさんもご存じのように「株主優待」が人気です。外食やレジャー産業では利用券や割引券の場合もありますが、株主しかもらえないグッズなどが大半です。アメリカでは「プレゼントなんかよりも現金重視！　株価重視！」というシビアな株主がほとんどなので、企業も出来るだけ配当を増やそうとする傾向にあります。

高配当＋増配を続けている銘柄が多いので、「配当利回りで稼ぐ派」の人にとってもアメリカ株は人気です。アメリカ株に資金が集まる大きな要因のひとつになっています。

⑤日本と全く違う社会の仕組み

ここは詳しく話すときりがないので、簡単に説明します。④とも関連しますが、アメリカの社会全体が株価を上げるために必死だからです。

「えっ、どういうこと？」と思われた人も多いでしょう。でも、実はアメリカ株が成長を続ける理由としては、この⑤がかなり重要なポイントになります。

日本では考えられないことですが、**大半のアメリカの経営者たちの報酬は株価と連動しています。** 株価が上がれば上がるほど報酬も増えます。そうすれば、経営者たちはどのように行動するかは明らかです。

自分の会社の株価を上げるために必死になります。株価が自分の資産を大きく左右するわけですから、株価こそ全てと考えてもおかしくありません。

日本ではライブドア・ショックの頃に「会社は誰のものか」という議論が話題を呼びました。アメリカはそうした議論は起こりにくい社会といえます。地域社会や従業員などステークホルダーの利益はもちろん配慮しなければいけませんが、「会社は株主のもの」という認識が社会の仕組みとして定着しています。株主から集めた資本をいかに活用して企業としての価値を高められるかが、経営者に強く求められます。

必死なのは経営者だけではありません。政治家も株価を維持させるのに必死です。

アメリカは、経済的にも世界のトップであるのはもちろんですが、その資本主義の実体は「株式資本主義」です。つまり、企業の経営にしても中央銀行の金融政策にしても、政治家までもが、株価を上げることを最終的なゴールにしています。

アメリカ人の生活が株価上昇を前提にしているのは個人の金融資産の割合をみても明らかです。2022年8月に発表された「資金循環の日米欧比較」によると、日本の個人金融資産に占める現預金の比率、つまり現金のまま銀行に預けている比率が54・3%であるのに対し、アメリカはわずか13・7%しかありませんでした。また、投資商品をどれぐらい持っているかの比率は日本が16%であるのに対し、アメリカは55%です。

これは、**株価の上昇はアメリカに住んでいる人たちにとって不可欠であり、「生活の安定」や「幸せ」に直結する**ことを意味します。老後のためにまともにお金を貯めているアメリカ人のほとんどが資産の大半を投資しているので、株価を上げ続けないと国民全体の老後の生活が行き詰まりかねない構造といえます。つまり国としても株価が低迷したままだと危険な事態に陥ります。

ですから、銀行も企業も、そして政治家も、アメリカを動かす中心組織の人たちは株価の上昇や維持に必死にならざるを得ません。これは、実際に株式市場に参加している私たち投資家にとっては、何よりの安心材料ともいえます。

これまでの歴史を振り返っても、アメリカの株価はたとえ暴落しても、時間が経過すればいずれ回復して上昇してきました。長期の資産形成を目指す人たちにとって、株式を長く持ち続けるための強力な拠《よ》りどころになります。

⑥長期にわたる人口増加

米国の人口推移を見ると、長期にわたって右肩上がりで増加していて、今後も増加が予想されます。人口の増加は経済成長の1つの要因であることはこれまでもお話ししてきましたが、ここでもう少し詳しくお話しします。

赤ちゃんがどんどん生まれたり、若い移民が入ってきたりして人口が増加すると国内で働く人が増えます。働いてお金を稼ぐ人が増えると、消費、つまり買い物してお金を使う人が増加します。「衣食住」といいますが、どんなにお金を使わない人でも、着るものを買ったり、食べ物を買ったり、家を借りたりしなくてはいけないからです。そうすると「衣食住」を手掛けている企業は潤い、国の経済も上向きます。衣食住が整えば、車を買ったり、家電を買ったり、消費活動はますます活発になり、より多くの企業の収益が増えます。ですから、人口増加は株価を上げていくには大切なポイントになります。

日本は少子高齢化のトップランナーでこれから人口が減少していきます。移民を受け入れでもしない限り、これには抗いようがありません。

国連のデータによると、日本の人口は２０２０年時点で1億２６００万人と30年前とほぼ同じです。この間に米国は７９００万人の増加となり、２０２０年時点では3億３１００万人です。

日本の株価が横ばいだった期間にアメリカの株価が伸び続けていたのが人口の観点からも説明できます。アメリカは各種統計でこれからも人口の増加が続いていくと予測されています。この点からもアメリカ株は有望です。

⑦進化し続ける財政政策や金融政策

さて、長くなりましたが、最後になります。

アメリカの経済は、政府やＦＲＢによる大規模な経済政策により支えられています。

「ＦＲＢ？　ニュースで聞いたことあるような気がするけど……。何のことだかわかりません」という人も多いでしょう。

ＦＲＢはThe Federal Reserve Boardで日本語では連邦準備制度理事会となります。ここでは「アメリカ全体がお金に困らないように全力を尽くしてくれる全米から集められた超絶優秀なエリート集団」とでも覚えておいてください。

アメリカでは、景気が悪化するたびに政府による大規模な財政政策が実施されます。これにより大不況や株価の長期低迷に陥る期間を少なく抑えようと試みます。

また、リーマンショックやコロナショックのような経済危機の時には、ＦＲＢが金融政策、つまり素敵なアイデアを出して、市場の混乱を沈静化させます。

人間は誰でもミスをします。

例えば、みなさんが職場で尊敬している上司も仕事でミスをするときはあります。本人がベストを尽くしていても、不運が重なり失敗するときもあるでしょう。人生、常に絶好調という人はいません。

ただ、みなさんが尊敬する人、職場で一目置かれている人は知識や基礎体力、マインドがしっかりしているのでリカバリーが早い傾向にあるはずです。

経済の世界に話を戻すと、コロナショックやリーマンショックのような危機が起きても超絶エリート集団の政府やFRBはものすごく早くリカバリーします。不況に陥っても長引かせません。数年すると、底を抜け、負から正のスパイラルに軌道修正します。

日本が停滞していた30年間に米国株が長期的に成長した背景にはこうした財政政策や金融政策があります。

ドラえもん＋出木杉くん＋スネ夫＋ジャイアン＝アメリカ

アメリカ株をなぜ買うべきかをおわかりいただけたでしょうか。アメリカの経済のみならず、政治力や社会制度がアメリカ株の底堅さを支えていることが理解できたと思います。「アメリカのＧＤＰは世界の４分の１」と伝えしましたが、株式市場での存在感はさらに増します。世界の株式時価総額の４割以上がアメリカ株です。つまり米国の株式市場に投資すれば、世界の株式市場の約半分に投資しているのと同じことになります。

余談ですが、アメリカは世界最強の軍事力も持っています。つまり、経済力や政治力だけでなく、喧嘩《けんか》しても誰にも負けません。

わかりやすくいえば、喧嘩が強くて、頭も良くて、お金持ちで、しかも、ただお金をもっているだけでなくて、これからもお金を生み出し続けるアイデアをも持っている。それがアメリカです。

みなさん、そんな人がいたらきっと応援しますよね。

アニメのドラえもんの登場人物にたとえますと、ジャイアンの喧嘩の強さはそのままに、出来杉《できすぎ》くんの頭脳があり、スネ夫の経済力も持ち合わせているような人物です。さらに努力家でドラえもん並みの道具を作り出す可能性もあるわけです。完全無欠です。

もし、みなさんが、しずかちゃんの立場でしたら、のび太くんと結婚しないで、その「パーフェクトジャイアン」と結婚するはずです。

長期投資はある意味、結婚相手を探すようなものともいえるでしょう。そして、その相手はアメリカ一択です。

株式市場は気まぐれです。リーマンショックやコロナショックの時のように、とんでもなくマイナスのリターンになることもあります。歴史が示すようにこれからも株価の暴落はあります。

ただ、繰り返しになりますが、アメリカ株はこれまでも安定的に上昇を見せており、幾度の経済危機や価格下落を乗り越えてきました。ただし、短中期的には一時的な下落が見られるため、注視は必要です。

みなさんの投資は積み立て投資で放ったらかしが大原則です。現行のつみたてＮＩＳＡの限度枠（月３万３３３３円）程度ならば問題ないでしょうが、この本を読んで、「給料のほとんどを積み立てます」と考えている人は、少しだけ待ってください。

積み立て可能ならばどんどん積み立てるべきですが、誰にでも急にお金が必要になることがあります。

ですから、生活費の３カ月分から半年分は銀行口座に残して余剰資金で投資するようにしましょう。それが、暴落にも耐えられる最善策になります。

ちなみに私は３カ月分の家族の生活費を残して、それ以外はすべて投資に回しています。そして、投資の大半は投資信託です（仕事の関係で、個別株や仮想通貨も試していますが、総資産の２割もありません）。

「日本に住んでいるならそれでいいかもしれないけれど、アメリカやカナダはすぐに会社をクビになるとも聞くが、３カ月分で大丈夫か」と思った方もいるかもしれません。

この質問に関しては万が一収入が途切れるようなことがあっても、３カ月間あれば次の仕事を見つけられると考えられるからです。転職に必要な期間は平均３カ月というデータもあります。

「S&P500」に連動した商品を、楽天証券かSBI証券で

さて、なぜ長期積み立ての投資信託が良いのか、アメリカ株が良いのかについて理解できたと思います。ここまでのお話がわかれば、この本における投資の考え方の8割は理解したも同然です。

ここからは投資の方法について、これまでよりも具体的にお話しします。

アメリカ株に連動する商品といっても、無数にあります。

中でもおすすめなのが「S&P500」に連動した金融商品です。これまでもこの言葉は何回か出てきましたし、投資に少し関心がある方ならば、「とりあえずS&P500に連動した金融商品を買っておけばいい」と、1度は聞いたことがあるかもしれません。SNS上でもそうした発言も目立ちます。**投資の神様のウォーレン・バフェット氏が妻に対して「遺産の90%をS&P500に投資するように」と指示している**ことも有名です。

S&P500はアメリカの主要500社をまとめた株価の指数です。

AppleやAmazonなどテクノロジー系企業を中心にエネルギーや医薬、金融など幅広い業種から選ばれており、500社の時価総額は米株式市場(ニューヨーク証券取引所、ナスダック)に上場する全企業の約80%にあたります。つまり、米国経済そのものといっても言い過ぎではありません。

S&P500に連動した投資信託は、大きな運用会社が500社の株を買い、それを小分けにして、「S&P500」という1つの株のようにしています。個人の投資家でも少額で主要500社に分散投資できます。

私が**なぜS&P500をおすすめするかというと、この500社が時価総額や企業業績によって年に20社程度入れ替えられているから**です。

例えばイーロン・マスク氏が経営するテスラ・モーターズは2020年12月に採用されて話題になりました。

つまり、**勢いのある会社が銘柄に組み込まれて、ダメな会社は抜ける仕組み**です。新陳代謝の仕組みがあるわけです。ですから将来、Apple製品に世界中の誰もが見向きもしなくなってもS&P500は伸び続けるはずです。Appleがダメになっても他の優良企業が組み込まれるからです。人口増加が続けば、経済は成長し、企業のモノやサービスの需要は増えます。世界の中心である米国企業の代表指数であるS&P500が中長期的には伸びない理由を探す方が難しいでしょう。もしかしたら来年にもコロナショック級のクライシスがまた起きるかもしれませんが、長い期間でみれば伸び続けます。

日本には株価の代表指数である日経平均株価があります。

日本経済新聞社が算出・公表している日本の株式市場の代表的な株価指数のひとつです。東証プライム上場の225銘柄から構成されていて、こちらも定期的に入れ替えています。2022年までは年に1回数社ずつ、2023年からは年2回数社ずつ入れ替わっています。それでも、S&P500に比べると入れ替わる社数も少なく、構成している銘柄はどちらかというと「格」が重視されます。

プロ野球のオールスター戦を思い浮かべていただけるとわかりやすいかもしれません。オールスターは毎年ファン投票や選手間の推薦で選ばれます。基本的にはその年に活躍した人たちが名を連ねます。S&P500はアメリカの上場会社約4000社の中から現役バリバリの選手が選出されているイメージです。

一方、日経平均株価は歴代のオールスターを選んでいるイメージです。長嶋茂雄《ながしましげお》さんや王貞治《おうさだはる》さんが名前を連ねているイメージです。実績は抜群ですが、現役の選手とプレーするのは常識的には厳しいはずです。

そう考えると、どちらに勢いがあるかは一目瞭然《りようぜん》です。

アメリカ株に連動した商品、中でもS&P500に連動する投資信託といっても、実はそこまで絞っても商品数はたくさんあります。

「でしたら、誰もが知っているメジャーな証券会社で口座を開いて、S&P500に連動する投資信託を買えばいいのですね」と思われた人もいるかもしれませんが、少しお待ちください。

S&P500に連動した商品を長期で積み立てる意義を理解したみなさんにはすぐにでも行動してほしいのですが、ここには大きな罠《わな》があります。

とくにこだわりがなければ、楽天証券かSBI証券で口座を開きましょう。

私は両社と何の関係もありません。みなさんがこの2社でつみたてNISAを始めたところで一銭にもなりません。明らかにみなさんのプラスになるからおすすめしているだけです。

まず、**この2社は手数料が安い**のが大きなメリットです。**投資信託の手数料は大きく2つあります（解約時に販売会社に払う手数料もありますが、ここでは省きます）。申し込み（販売）手数料と信託報酬**です。

申し込み手数料は販売会社に支払う手数料です。銀行などが投資信託の販売に熱心なのはこの手数料を稼げるからです。

申し込み手数料は購入金額の1～3％程度が一般的です。最近は0％の商品もあります。手数料は投資対象によって異なります。また、投資対象が例えば同じS&P500でも、販売会社によって手数料に差があります。

これが楽天《らくてん》証券とSBI証券をおすすめした理由です。**この両社は申し込み手数料がかからないケースが大半**です。一方、他の証券会社では買った時点で数パーセントを手数料として払わなければいけないので、買った時点で資産は目減りします。もったいないですよね。

信託報酬は、投資信託を買うと保有中にかかる手数料です。運用や管理のために支払う費用の位置づけで、毎年支払う必要があります。年率で0・5％から2％程度の商品が多いです。

楽天証券やSBI証券などオンライン証券は、私が本書でおすすめするインデックスファンドの信託報酬も限りなくゼロに近い傾向にあります。

手数料を考える場合、重要なのは申し込み手数料と信託報酬のトータルで考えることです。

なお、信託報酬は毎年かかりますので、長期保有するときは報酬が高いか低いかが運用成績にも響いてきます。指数に連動したインデックスファンドはプロが目利きするアクティブファンドより優位性が高いといわれる理由の1つがこの信託報酬の安さにあります。アクティブファンドはプロが運用に手間暇をかけるので、インデックスファンドよりもコストが高く設定されています。

いずれにせよ、楽天証券かSBI証券を選んでおけば問題ありません。申し込み時の手数料もゼロですし、インデックスファンドの信託報酬もほぼゼロに近いです。一方、大手証券会社の場合、申し込み時に3％程度とられ、信託報酬も下手すると年に2％程度とられます。「塵《ちり》も積もれば」で20年、30年となると運用益で数千万円の違いが出てきます。

そして、**S&P500や全世界株式に連動した商品を買いましょう。**世界経済は長期では必ず成長しますので、これまでお話しした理由でこれらの商品を選んでおけば、みなさんに長期で富をもたらします。

私がおすすめする商品は、年齢、家族の状況、将来のプランによって変わってきますが、ここでは初心者向けのものを挙げていきます。

●著者おすすめ投資信託

楽天証券
eMAXIS Slim米国株式（S&P500）
楽天・全米株式インデックス・ファンド
eMAXIS Slim全世界株式（オール・カントリー）

SBI証券
SBI・V・S&P500インデックス・ファンド
SBI・V・全米株式インデックス・ファンド
SBI・V・全世界株式インデックス・ファンド

銀行マンも証券マンも金融のプロではない

みなさんの中には「オンライン証券より国内の銀行系の証券会社や誰もが知っている大手証券会社の方が安心だし、いい商品をおすすめしてくれるのではないか」と感じた人もいるはずです。

しかし、それは「大きい会社の方が安心」という幻想です。これまで見てきましたように、大手の金融機関は同じ商品でも手数料を多くとる傾向にあります。**国内で投資信託は各社の商品を合わせて約6000商品ありますが、正直買ってよいのは私の感覚では1％ほど**です。S&P500に連動した商品が数百本あるのに、買い付け手数料がゼロで信託報酬も限りなくゼロに近い商品は数本しかないことからもそれは明らかでしょう。そして、それらはオンライン証券が提供しています。

そもそも、**みなさんがやり取りする支店の証券マンやバンカーは、「金融のプロ」ではあ**

りません。「金融商品を売るプロ」です。セールスのプロなのです。

私も大手証券会社に勤めていたのでよくわかりますが、証券マンの営業は結果が全てです。「できる証券マン」はただ売るだけでなく、会社にとって利益になる商品を売ります。それはどういった商品かというと、手数料の高い商品です。つまり、極論で語れば大手金融機関は自分たちの利益だけを考えて、お客さんのことはあまり考えていないことも多いのです。

私が在籍していた時は月ごとにキャンペーン商品がありました。毎月重点的に売る商品が決められていて、それらは手数料が高い商品でした。ですから、キャンペーン商品を売ると会社での評価が上がります。「できる証券マン」になるには当然社内評価を上げなければいけないので、頑張って売ります。

当時から私は「何だかおかしな話だな」と違和感を抱いていました。例えば**40歳の主婦と30歳のサラリーマン男性と、60歳の富裕層男性では残りの人生の長さも違えば、家族構成も金融資産も違います。必要な商品も全く異なります。**それなのに証券会社のサラリーマンは自分の評価を上げるために同じ商品を売ります。

証券会社は商品の買い替えも顧客に提案します。これも手数料を稼ぐためです。既に投資商品を買っているお客さんに新しい商品に乗り換えさせたら、またお金が入ります。

証券マンは厳しいノルマがあります。ただ、新規顧客ばかりは当然つかめません。ですから、「できる証券マン」は月末になると売り上げを達成するために、既存のお客さんに新しい商品に乗り換えさせるのがひとつのやり口です。社内にも、同じ商品を「買わせる用」のセールストークと「売らせる用」のセールストークがありました。これも、おかしいですよね。本当にいい商品だったら、乗り換える必要はないわけですから、「売らせる用」のセールストークは要りません。

みなさんの中には「ファイナンシャルプランナー（FP）さんのアドバイスはどうなの？」と思っている人もいるでしょう。私も同業ですのであまり悪口はいいたくないのですが、FPさんは千差万別です。というのも多くのFPさんは金融機関と業務提携しています。みなさんからはお金はとりませんが、みなさんがFPさんのおすすめで購入すると手数料がFPさんに入ります。つまり、保険も投資商品も同じですが、多くのFPさんは代理店のような位置づけです。言葉は悪いですが、そうした立場の方からまっとうなアドバイスを受けることは期待できないのではないでしょうか。

とにかく**証券会社や銀行のおすすめ商品は買わないようにしましょう。**

口座をつくるのは簡単、税金の手続きもいらない

何をどこで買えばいいかがわかった人にとって、意外なハードルが口座の開設です。「そもそも、どうやって始めればいいのですか……」「面倒くさそう」と挫折《ざせつ》してしまう人も珍しくありません。

NISAを利用するには証券会社か銀行、信用金庫などの金融機関に専用の口座を開設する必要があります。1人当たり、口座は1件しか持つことができません（投資信託の取引は複数の金融機関で可能ですが、税金の優遇があるNISAの口座はひとつです）。

これから開設する人は、繰り返しになりますが、楽天証券かSBI証券を選びましょう。ウェブサイトから必要な書類をネット経由で送って申し込めば、1～2週間で手続きは完了します。投資と聞くとハードルは高そうですが、クレジットカードくらいの感覚でつくれます。

また、税金の処理については、投資で利益が出ても、何もしなくても平気な仕組みが利用できます。

口座を開設する際に「一般口座、特定口座どちらにしますか」という項目が必ずあります。

ここで**「特定口座、源泉徴収あり」**を選んでください。金融機関が1年間の取引の結果を代わりに計算してくれます。みなさんは、長期保有の上、将来的にＮＩＳＡの枠外でも投資をするときは「特定口座、源泉徴収あり」を選びましょう。

売買の損益を計算してくれて、その額に応じて税金も納税してくれます。細かい手続きもせずに、所得税と住民税を自動的に差し引いてくれます。会社員の方が毎月の給与から税金が天引きされるのと同じです。

「証券会社がつぶれたらお金は戻ってくるのか」と心配している人もいるかもしれません。証券会社には投資家から預かった資産と自社で保有する資産を分けて管理することが義務づけられています。ですから、万が一、証券会社が倒産しても、仕組みとしては全額戻ってきます。

クレカ積み立てでさらにお得に

つみたてNISAをどうすれば続けられるか。これは簡単です。

自動的に続ける仕組みをつくってしまいましょう。

口座を開いても毎月入金するとなると、少し面倒くさいですよね。

具体的に続けるためのおすすめの戦略としては、**クレジットカードでの自動積み立て**です。

カードで買い物をする時と同じように、決済日に後払いするシステムです。毎月の積み立て額を設定すれば、証券会社によって定められた日に投資信託の買い付けが自動で行われます。私がおすすめの証券会社としてあげた楽天証券とSBI証券も、クレカ積み立てが可能です。

クレジットカードで買い物をするとポイントが付加されるのはみなさんもご存じですよね。**投資資金をクレカで積み立てることでもポイントがつきます。**

自分の口座にお金を積み立て投資しているだけなのに、買い物をしたようにポイントが貯まります。投資信託を積み立てれば積み立てるほどリターンされるといえます。1・0%還元であれば、月5万円の投資に対して500円、年間6000円相当のポイントが得られます。つまり、長期的に投資できる仕組みもつくることができて、ほぼリスクなしでポイントももらえて、ダブルでお得です。

ヒモづけできるクレジットカードと証券会社は決まっています。

ポイントの還元率はカードのランクなどによって変わります。例えば**楽天証券の場合、ポイント還元率は一般楽天カードの場合は0・5%、楽天ゴールドカードの場合は0・75%、楽天プレミアムカードの場合は1・0%**となっています。

一般カードでも1年で40万円積み立てれば2000円還元されます。還元されたポイントを積み立ての購入資金にあてることもできます。

SBI証券の場合、三井住友カードプラチナプリファードでは、還元率が5%になっています。年会費は3万3000円ですが、毎月5万円を積み立てると、年間3万円分のポイントが貯まるため、高額な年会費の元がほぼ取れてカードの特典を受けられる計算です。楽天かSBIで迷ったら、既に自分が持っているカードでサービスを選ぶのもいいでしょう。家計で受け取るポイントを統一すれば、まとめて管理がしやすくなります。

特に該当するクレジットカードを持っていない場合は、積み立てた時にポイントが貯まるクレジットカードを今年中に申し込みましょう。

いずれにせよ、**クレカ積み立ては積み立て投資する人にとっては強力な武器であり、マストアイテム**です。利用しない手はありません。

新NISAをやるべきもう1つの理由

現行NISAの口座を持っていれば、新NISAの口座は自動で開かれます。例えば楽天証券で口座を持っていたら、そのまま楽天証券に、SBI証券に口座があればSBI証券に開かれるので何もする必要はありません。

つみたてＮＩＳＡと新ＮＩＳＡは別のものですが、前にもお話ししましたように、今年中に口座を開いておけば、利益に対して税金がかからない枠が増えます。

これまでつみたてＮＩＳＡで投資してきた商品は新ＮＩＳＡの口座に移すことはできませんが、**現行ＮＩＳＡで投資した分は、引き続き運用し続けられます**（現行のＮＩＳＡ口座で買い付けた金融商品は新ＮＩＳＡの口座に移管することはできませんが、買い付けた金融商品は非課税期間が終わるまで非課税のメリットを受けられます）。**来年からと考えずに、今すぐにでも始めましょう。**

すでに現行ＮＩＳＡを始めている人で、本書をここまで読み進めて「大手銀行や大手証券会社で口座を開設してしまったけれども、手数料がもったいない。ネット証券に変えたいな」と思われた方は、金融機関を乗り換えましょう。

というのも、新ＮＩＳＡが始まってからでも、金融機関の変更は可能ですが、現行ＮＩＳＡで保有していた金融商品を、変更先の金融機関にそのまま移すことはできません。前の口座で買い付けた金融商品を変更後の口座には移管できないのです。移したければいったん売却して、新しい口座で買い直す手間がかかります。年間に定められた非課税の投資枠をムダに使うことにもなってしまいます。

金融機関を変更したいのであれば、できれば2023年のうちにやっておきましょう。

新NISAはトータルで1800万円の非課税枠を全員がもらえます。かなり太っ腹です。

みなさんの中には「国は増税ばかり考えているけれども、たまにはいいこともするね」と感じた人もいるでしょう。「国は私たちの老後を本気で考えてくれているのかも」と感動した人もいるかもしれません。

しかし、話はそんなに単純ではありません。

経済学では「フリーランチはない」という言葉があります。これは「上手《うま》い話はこの世にない」「タダで何かを手に入れることはできない」という意味です。

つまり、「投資枠が増える」「非課税期間が実質無期限になる」といいことだらけに見えますが、そうではないということです。

では、この優遇枠を私たちにくれた国は何を手にするのでしょうか。

私はかなりの高い確率で、別のところで、税金を上げるとにらんでいます。

これは私の妄想ではありません。世界の他の国の経済の歴史を見ても明らかです。目立つところで優遇したら、どこかで目立たないように税金を上げて結果的には国が多くを巻き上げるのは税収アップの常とう手段です。

当たり前ですが、新ＮＩＳＡで優遇だけしたら、国は税収が減ります。

おそらく国は、優遇した分以上をどこか違う場所で、全力で回収します。これが「フリーランチはない」の正体です。

そもそも、ほとんどの人は枠を使うどころか投資すらしません。１８００万円の枠を用意されても、資金の関係でその枠を全員が使えるわけでも、もちろんありません。

でも、国は間違いなく増税します。「あなたたちには豊かな老後を過ごせるように枠を与えましたよね」「その枠を使ってないのはあなたの責任です」「投資してないのもお金がないのも自己責任です」というロジックです。みなさんがやるべきは、この制度を逆にうまく使うことです。

もし仮に、新ＮＩＳＡが実は国が私たちから税金を巻き上げるための隠れた政策でも、うまく使いこなすことができれば逆に資産を増やせます。

本書では新ＮＩＳＡについておおまかに説明しましたが、この程度の理解で十分です。

新ＮＩＳＡでは「成長投資枠」と「つみたて投資枠」の２つの枠がありますが、中途半端に理解すると逆に罠にハマります。「非課税枠が増えた」という理解で全く問題ありません。投資の勉強は投資が趣味の人にまかせましょう。新ＮＩＳＡについてガチガチに勉強することよりも、家族の時間や自分が幸せだと思う時間を追求する方が１００倍大切です。

この本で説明した、時間をかけず、シンプルに、Ｓ＆Ｐ５００に連動した、優良な投資信託をコツコツと積み立ててください。

投資は人生の選択肢を広げる

さて、幸福な人生を送るためにいかに積み立て投資が欠かせないか、その仕組みと威力、具体的な取り組み方についてお話ししてきました。

基本は、アメリカ株や全世界株に連動した信託報酬の安い関連商品で積み立てを設定して、あとは放ったらかしです。

これが誰でも特別な才能がなくても資産を増やせる基本であり、ほぼ唯一の方法です。

本書で紹介したような形で最初に設定しておけば、自動で積み立てられます。積み立て額によっては本書のタイトルのように**「いつのまにか億り人」**になっています。

繰り返しになりますが、非課税の場合、毎月10万円を年率7％で運用すれば30年で1億2000万円近くになります。3600万円の元本が3倍にもなります。月5万円の積み立てでも30年で1800万円の元本が5847万円になります。

コツコツ長期投資を続けていくためにもう1つ大切なことがあります。「もう少しお金に余裕があったら、自分や家族のために何ができるか」を明確にイメージしてください。「毎年、海外旅行に行ける」「子どもにもっと塾や習い事に行かせてあげられる」「毎年最新のiPhoneが買える」などで構いません。

もちろん、みなさんの幸せはひとりひとり違うはずです。

幸せの実現にお金がたくさん必要な人もいれば、そこまで必要ない人もいます。

ただ、お金があれば選択肢はひろがります。

日本で一時期話題になったＦＩＲＥ（Financial Independence, Retire Early）も可能

です。若くして仕事から解放された生活は誰もが1度は夢見たことがあるはずです。自分が大好きなことに多くの時間とエネルギーを費やせたらうれしいに決まっています。

FIREとひとくくりにされがちですが、いくつかタイプがあります。

リタイアして現状の延長線上の生活を送る通常型のFIREだけでなく、**リタイア後は切り詰めて倹約生活を送るリーンFIREや逆に余裕のある暮らしを送るファットFIRE**などです。もちろん、切り詰めるのか、余裕のある暮らしを送るのかで、リタイアまでに必要になる資産は変わります。

一般的には年間支出の25倍の資産があればFIREは達成できるといわれています。**年間を200万円で暮らすならば5000万円、1000万円ならば2億5000万円**です。

そこから**毎年4%ずつ引き出す「4%ルール」を守れば、資産も枯渇させずに生活できます。**「4%ルール」の根拠は、株式市場の平均的な年間成長率7%から平均的な年間インフレ率3%を差し引いた数字にあります。もちろん実際は成長率にもインフレ率にも波があるので、あくまで目安です。

「2億も貯めるの無理だし……」「いや、別にリタイアしたくないし」という人も資産があれば、「給料が少なくなっても、好きな仕事に転職したい」など人生の選択肢が増えます。お金のことを気にせずに自分がやりたいことをできる確固たる基盤ができます。予想外の出来事が起きても、動じない精神的な余裕も生まれます。

実際、私の周りで多いのは**コーストFIREもしくはサイドFIREと呼ばれるタイプ**です。将来のための資産は確保しつつも、現状の生活費は無理のない範囲に働いて賄う形です。

みなさんは「働きたくない……」と思っているかもしれませんが、かなりの資産を築いてFIREしたものの、数年して仕事を再開する人も少なくありません。

私も東南アジアでのんびりしているだけなら、もう働かなくても十分な資産はあります。ただ、実際はファイナンシャルプランナーとして助言をしたり、大学で教えたり、YouTubeの撮影をしたり、毎日朝から晩までいろいろな仕事を手掛けています。娘によりよい教育を受けさせたいという気持ちもありますし、自己実現のためでもあります。

FIREに興味のない人も多いと思いますが、FIREを「できるのにやらない」のと「できない」のでは、大きな違いがあります。そして、一定の資産を持って好きなように生きる私のようなスタイルは、いまや誰にとっても決して夢物語ではありません。

また、積み立て投資をしておけば、自分や家族の人生プランを変更することになったり、予想外の病気や事故にあったりしたときも、余裕を持って対応できます。もちろん、老後の楽しみ方も広がるでしょう。老後に売却するといっても、すべて同時に売却する必要もなく、定期売却という設定ができるので、運用を続けてお金を増やしながら、必要な分だけを切り崩していくこともできるので、おすすめしています。

仮にリタイアや定年より前にまとまったお金が必要になった際には、**将来の複利による利益増加も考え、売却のメリットとデメリットをてんびんにかけて、売却するかしないかの決断をすればよい**と思います。積み立て投資をやってみるメリットはだれにとっても大きいです。

積み立て投資で人生の可能性を広げましょう。

STEP 3

幸せな億り人になるためのライフハック

カナダ人はマジメではない

自分が、コツコツお金を積み立てるなんてできるのかな、とまだ思っている人もいるでしょう。

カナダ人は本当のところ、マジメだからできるのではないか、と感じた人もいるかもしれませんが、それは大きな誤解です。

私からすれば、日本人の方がかなりマジメです。

例えば、私が感じたところでは、**カナダ人は、コツコツ努力しなければいけないという発想が日本人に比べると希薄**です。やりたくないことはとにかくやりません。

私はカナダと日本の金融機関に勤めていましたが、**会議の時間は日本の金融機関の方が10倍は多かった**印象です。

カナダには「上司が帰らないと帰りにくい」という意味不明な習慣もありません。昼休みも連れだってランチに行きません。私の部署はみんな個室があったのですが、部屋を真っ暗にして寝る人も少なくありませんでした。「どれだけ寝たいんだよ」と感じるでしょうが、眠いとパフォーマンスに響くので寝るのです。

というのも、カナダ人の同僚の大半は会社が終われば飲み会にもいかず家に帰ります。例えば、日本では上司に「これやっておいて」と終業間近に頼まれたら、忙しくても「はい、わかりました」と答える人が大半でしょう。カナダでは普通に断ります。みんな早く家に帰りたいので夕方の集中力はすさまじいものがありました。賃金体系の違いもあって、**ダラダラ仕事して残業代を稼ぐという発想もありません。**だから、パフォーマンスはものすごく意識します。

会社の飲み会は基本的に年に1回の家族も同席するクリスマスパーティーしかありませんでした。仲が良くても同僚と飲みにいく文化もないので、お金も貯まります。

もちろん、雇用条件や文化の違いがあるといえばそこまでですが、**人生において何が大事なのかがはっきりしているので、お金だけでなく、時間をかけることとかけないことが明確**です。結果的に、毎日のやるべきことが固定化されます。時間の割き方をあらかじめ固定することで、余計な判断をする必要がなくなり、パフォーマンスが上がります。

ここでは私が主にカナダにきてから取り入れたライフハックを紹介します。気になるものがあったら、食わず嫌いをしないでまず取り組んでみてください。科学的な裏付けがあるものばかりなので、体に害があるようなハックはありません。効果を実感できなければやめればいいのです。**積み立て投資と同じで毎日の生活を仕組み化することで、お金だけでなく、時間も有効に活用できます。幸福のループを生み出しましょう。**

脳は1日3万5000回選択する

Appleの創業者の故スティーブ・ジョブズの服装はいつも同じで有名でしたね。黒のタートルネックにブルージーンズでした。元野球選手のイチローさんは毎朝カレーを食べていたことで知られていました。

実はこうした行為は脳科学的に非常に合理的といえます。**脳に「決断疲れ」をさせない**からです。

ケンブリッジ大学の研究によると、**人間の脳は1日に最大で3万5000回も判断しているとい**われています。「そんなに多いの」という印象でしょうが、人間の日常は選択の連続です。

考えてみてください。

朝起きて、すぐ起きるか、もう少し寝るか、会社にどのような格好で行くか、朝食に何を食べるか、どのタイミングで仕事を始めるか、取引先にいつ電話をするか……。

これらは大きな決断にすぎません、歩いたり、座ったりなどの体をどう動かすかについての決断はそれこそ無数にあります。3万5000回などあっという間です。

しかし、人が1日に決断できる上限は決まっているようで、決断をするたびに少しずつ疲れてしまいます。脳が疲労し、徐々に決断の質が低下します。選択をすればするほど、脳は優柔不断になる傾向にあります。

ですから、ジョブズやイチローさんのようにルール化することで決断の回数を減らす行為は有効です。

スケジュールをなるべく細かく固定することで、無駄な決断を避け、重要な局面でしっかり判断できる余裕を脳に持たせられます。

私もスケジュールは可能な限り、固定化します。何時に寝て何時に起きて、何をまずはやるか、コーヒーはいつ飲むか、筋トレは何時にするか。全て決めています。細かい話をすればTwitterをする時間も決めています。もちろん、服装はこれまでお話ししましたように同じ白いTシャツを14枚そろえています。念のためですが、同じ服でそろえているのは「毎朝、服を選ぶ」という選択をしなくて済むようにするためです。

「自分はストイックな人間ではないから無理」という声も聞こえてきそうですが、それは違います。むしろ、**私はストイックでもないですし、意志も弱いです。意志が弱いので毎日することを習慣化させて、あまり考えずにできるようにしています。**人間は習慣の生き物です。慣れるとそこにハードルの高さを感じなくなります。

朝の時間を大切にする

私のクライアントを見渡しても、**お金持ちの人には「朝の時間を大切にする」習慣が共**

通します。

朝は、自分の時間を持つことができます。当然ですが時間をうまく使って、集中することができるため、生産性が高くなります。

私は日本在住のクライアントも多いので時差を合わせるために、通常は朝5時、ウィンタータイムの間は朝4時に起きて仕事しますが、そんな時間にお金持ちのクライアントにメールしても1時間以内に返ってきます。

有名人では、AppleのCEO（最高経営責任者）のティム・クック氏や、Facebook（現Meta）を創業したマーク・ザッカーバーグ氏もみんな朝型です。頭が最もクリアな朝の時間帯に生産的な仕事をする人はかなり多い印象です。

私は通常は夜10時に寝て朝5時に起きます。睡眠で大切なのは、長さではなく質です。睡眠には「レム睡眠」と「ノンレム睡眠」があります。ノンレム睡眠時は熟睡の状態を指し、脳は完全に休息モードになります。入眠直後はノンレム睡眠でぐっすり休めて、脳からは成長ホルモンが分泌されます。一方、レム睡眠時は脳が覚醒《かくせい》し、記憶を整理するため、熟睡はできません。明け方になると、このレム睡眠になります。

ですから、**夜10時から夜中の2時までの「睡眠のゴールデンタイム」をまたいで最低7時間は寝る**ようにしています。ゴールデンタイム時はノンレム睡眠状態になるからです。

私は実家がお寺なので、もともと早寝早起きの習慣はありました。ただ、大学院時代は短時間睡眠でした。短時間睡眠も含めていろいろ試してみた結果、今のスタイルに落ち着きました。起床後は、脳のパフォーマンスが良いとされる午前中はアウトプット作業、午後になって脳が疲れてきたらインプット作業に切り替えています。

研究によれば、**特に強い夜型人間は全体の8％ほどしかいない**といわれています。そもそも、人間は昼間働いて夜休む動物です。朝の光が目に入ると、体内時計がリセットされるようにできています。また、**朝日を浴びると幸せホルモンであるセロトニンが脳内に分泌されます。**これによって、私たちは幸せを感じられるわけです。つまり、生物学的に考えても、**「夜型」は「朝起きたくないだけの自称夜型人間」の可能性が高い**と言わざるを得ません。

日本では昔から、早起きは三文の徳といわれてきました。みなさんの中にも、早起きしないことで、自分の能力を１００％発揮できていない、使える時間を無駄にしている人はいるのではないでしょうか。

早寝早起きは特に準備もいりません、明日から試してみてください。習慣にしてみたら「生産性が爆上がりしました」となるかもしれません。

もしかしたら、あなたは「1割の夜型」に含まれる可能性もありますが、とりあえず、18日間だけでも早起きを続けてみましょう。

人間は18日続けると新しい習慣を得るといわれています。朝活を始めてみることは、あなたの人生の生産性を高めるきっかけになるかもしれません。

瞑想しよう

私が朝5時に起きて、まず取り組むのが瞑想《めいそう》です。5分瞑想してからアウトプットの作業に取り掛かります。

「瞑想」と聞くと、あまりなじみがない人がほとんどでしょう。私の場合、きっかけは育った環境です。実家がお寺だった話はしましたが、小学生の頃、夏休みなどに祖母にやらされていました。もちろん、継続的に生活に取り入れるには至りませんでしたが、カナダで再開したところ、効果が抜群でした。思考がクリアになって、例えば仕事でも先々のことを考えられるようになりました。

瞑想の学術的な研究は少なくありません。

例えば、**瞑想の合計時間が11時間を超えた辺りから、脳の中の自制心を司《つかさど》っている「前頭葉」が活性化する**といわれています。前頭葉の領域の連絡が円滑になって、脳細胞のつながりがよくなるとされています。

私はこのデータを目にして、とりあえず試してみました。その結果、実際に、大きな効果を得たので続けています。今では、朝だけでなく、午前中のアウトプット作業の隙間時間に瞑想するときもあります。

午前中のアウトプット作業はポモドーロテクニックを採用しています。これは達成したいタスクを**「25分集中して作業したら5分休憩する」を1セットとし、4セット作業したら15~30分の長い休憩を挟む**方法です。作業中はメールの確認もせず、決めたタスクだけに取り組みます。意図しない中断を防ぎ、集中力を高める時間管理術です。5分休みはトイレに行ったり、水分を補給したりしますが、私は特にそれらの必要がなければ瞑想します。「瞑想なんてしたことがない。どうすればいいの」という人も多いでしょう。

瞑想する時は呼吸に集中して何も考えないようにしてください。「えっ、そんなのでいいの」という印象を抱かれたかもしれませんが、これが意外に簡単ではありません。

多くの人はおそらく「ああ、明日までにあれをやらなきゃ」という問題から、仕事や人間関係の悩みまでいろいろな雑念が頭に浮かんできます。そうした雑念を頭から追い出して、意図的に、その瞬間に没頭して、あらゆる価値判断を避けます。

実際、瞑想効果に企業も注目していて、海外では「マインドフルネス」が流行《はや》っています。

マインドフルネスとは、瞑想などを通じて目の前の瞬間に意識を集中し、過去の失敗や未来の不安を取り除いて心を落ち着かせる行為のことです。つまり、瞑想を体系化したものと考えていいでしょう。アメリカのスタンフォード大学などで研究され、ストレス軽減や睡眠の質の向上、さらにうつ病やパニック障害といった精神疾患の治療にも効果があることが立証されています。GoogleやIntel、国内でもヤフーが社員研修に取り入れています。

最近ではオンラインでのマインドフルネス講座やスマホの瞑想アプリもあるので、騙《だま》されたと思ってやってみてください。

週3日筋トレ

近ごろ、空前の筋トレブームがきていますね。

筋肉は投資と似ています。

コツコツやれば必ずリターンが期待できます。年を重ねると身体機能は低下する一方ですが、筋肉だけは違います。何歳になっても鍛えれば鍛えるほど、きちんと増えます。

投資以上に、実はあなたには筋トレが必要かもしれません。

年をとってもスムーズに動ける体でいるためには、体を支え、動かす筋肉を今からトレーニングで鍛えておく必要があります。

というのも、**厚生労働省によれば、運動不足による国内の死亡者数は、喫煙、高血圧に**

次ぐ第3位で、その数は年間約5万人に及びます。筋トレを怠ると命の危機すら生まれかねないのが現代人の暮らしです。

特にコロナ禍を経て、テレワークが普及しました。日常的に運動していない人は、通勤が唯一の動く場でした。それがなくなれば、運動量は激減します。筋肉量も低下します。筋肉量は年齢を重ねるにつれて減少する傾向にありますが、20代でも運動をしないと、50代並みに低下することも十分にあります。筋力が低下すると、姿勢が悪化します。姿勢が悪くなれば、血流が悪くなります。すると、体内の疲労物質が滞る可能性が高まります。結果的に気分が落ち込みやすくなることもあります。

ですから、**日常的に運動していない人には週3回の筋トレをおすすめします。**筋トレは若返り効果もありますし、脳のパフォーマンスが高まることもわかっています。

毎日やらないほうが、かえって効率よく筋肉が増えます。

筋肉に負荷がかかると、たんぱく質合成にかかわるmTOR（エムトール）という酵素の働きが高まります。その結果、筋トレ後はたんぱく質の合成が2日間高まります。ですから、毎日筋トレしてしまうとこの効果を低下させてしまいます。

もちろん、毎日、違う部位を鍛えるようなガチの筋トレもありですが、私たちはアスリートでもありませんし、ボディービルコンテストに出るわけでもありません。多くの人が筋肉を効率よく増やすには、2~3日に1度トレーニングするほうが合理的です。そうすることで、常に筋肉の合成を高めておくことができます。

私は生活に無理なく組み込めるように、筋トレの時間を午後2時と決めています。時間を決めて、生活の一部にすれば、逃げるに逃げられなくなって続きます。

なぜ午後2時かというと、これはカフェインの摂取との関係です。私はコーヒーが大好きなのですが、カフェインを摂《と》ると眠れなくなることはよく知られています。摂りすぎると深い睡眠が奪われ、結果的に成長ホルモンが減少するともいわれています。夜の睡眠の妨げにならないように逆算すると、コーヒーを飲んでいいタイムリミットは昼過ぎになります。カフェインは脳を覚醒させますが、10時間ほど続く人もいるからです。

ただ、一方、**カフェインは筋トレとは相性がいい**です。

アスリートやボディービルダーは運動前にカフェインを摂取する人も少なくありません。カフェインによって脳を覚醒させ、激しい筋トレに集中するモチベーションを高められるからです。よく、ネットなどに「カフェインに筋肥大の作用がある」という書き込みがありますが、これは俗説です。筋トレに集中しやすくすることで結果的に筋肥大するなど、筋トレに効くといわれています。

ですから、**お昼ご飯を食べて、コーヒーを飲んで、休憩したあと、カフェイン効果が期待できる午後2時ごろに筋トレに励みます。**

食事ももちろん気を遣っています。

体を動かすにはカロリーも必要です。特に良質なたんぱく質が欠かせません。たんぱく質源の王道は肉や卵です。たんぱく質の総量を増やす場合は、なるべく脂質を避けて高たんぱくな食材を取り入れます。例えば、ブロッコリーですね。100キロカロリーあたり13グラムほど含まれています。鶏《とり》胸肉も高たんぱくで知られています。

水分も重要です。人間の体は水を飲むことによって、血液循環量が増え、代謝が活発になります。汗や尿などで1日2・5リットルの水分を体から排出するため、同量の水分をとる必要があります。食べ物に含まれる水分もありますので、1日2リットルを目安に飲んでいます。「そんなに飲めないよ」とよく指摘されますが、ボトルにいれて持ち運んでいると、自然と空になっています。何事も習慣化することが重要です。

好きなことをして幸せを実現するには、体は資本です。日常的な運動をしていない人は筋トレを始めましょう。ポイントは気負いすぎずに始めることです。

毎日30分語学を学ぶ

英語の発音は国や地域によって全く違います。

アメリカといっても広いので、例えばハリウッドのある西海岸とアメリカの南部では全く違います。南部の英語はなまっているので有名ですね。

一方、マレーシアの英語はハリウッドともアメリカ南部とも全然違います。例えば、Coffeeの発音もマレーシアでは日本語のように「コーヒー」と発音しないと通じません。

カナダの英語は「世界で最もきれい」ともいわれますが、アメリカ西海岸の英語に近いです。私は12年住んだことで、せっかくきれいな英語を手に入れられたので、「退化」しないように毎日30分、英語に触れるようにしています。

語学の学習にはコミュニケーションの範囲が広まったり、情報を幅広く手に入れるようになったり、異文化を理解できたりと多くのメリットがありますが、全く異なるメリットもあります。脳の健康にも良いのです。

例えば、**バイリンガル（2言語を話す人）は老年認知症の発症を平均4年遅らせることができる**との報告があります。しかも、高齢になってからでも、新たな言語学習が脳の老化を遅らせる効果があるとされています。つまり、中年になってからでも新たな言語学習が脳を活性化し、学習の見返りは十分にあるということになります。

認知症の原因はさまざまですが、最近注目されているのが激しいスポーツによる頭部外傷です。頭部に衝撃が加わることで将来の認知症リスクが高まるのです。私はキックボクサー時代に頭をかなり打たれました。また、祖母が認知症だったこともあり、かなり予防を意識しています。

多言語習得のメリットは他にもあり、バイリンガルの人は、脳の前部にある実行制御機構が持つ課題遂行能力に優れるという研究成果もあります。この能力は、複雑な思考や注意力の制御などあらゆる思考の基礎になります。

また、みなさんには直接恩恵はないかもしれませんが、語学を継続的に学習すれば、子どもの長所を伸ばせるかもしれません。というのも、2つの言語を話す母親の新生児は両方の言葉を好むことを示す研究もあります。

私の語学学習はシンプルです。**散歩をしながらのシャドーイングです。英語を聞いて、それをひたすら真似して発音しています。**もちろん、英語の学び方はひとつではありません。昔は英会話教室に行く以外では、本やDVDなど勉強する教材が限られていましたが、今は方法も教材も世の中にあふれています。自宅にいながらオンラインで先生と会話できる手軽な学習法もありますし、Netflixなどオンラインで洋画を楽しみながらでも気軽に学べます。スマホのアプリで隙間時間に手軽に勉強もできる時代です。考える前にまず始めてみましょう。

移動中は耳から学習

英語は散歩中にシャドーイングするとお話ししました。**散歩しながらの学びは一石二鳥**なのでおすすめです。

散歩は純粋に運動になります。そのうえ、日光を浴びれば幸せホルモンのひとつである

「セロトニン」の分泌が活性化します。

私は毎日30分以上歩きながら、英語のPodcast（オンラインのラジオ）やオーディブルを聴きます。日本語の音声を聴くこともありますが、大半は英語です。

よく耳からの学習を「ながら」でやっている人もいます。料理しながら、筋トレしながら、運転しながらなどなどありますが、私はおすすめしません。私の経験からも、何かを考えたり、作業したりする必要のない散歩や通勤中が「ながら」の限度でしょう。

なぜならば、**人間は基本、マルチタスクに向いていない**からです。

現代に暮らす私たちは情報の洪水の中を生きています。特にスマホの普及で私たちはマルチタスクの環境に常に晒《さら》されています。ネットニュースを見ながら、ＳＮＳに投稿して、仕事のメールが来たら返信して、電話もかかってくる……そうした光景も珍しくありません。

ただ、同時並行しているように見えますが、脳はひとつひとつの作業を細かく分け、高速で切り替えながら処理して、さまざまな意思決定をしているにすぎません。こうした繰り返しは脳にとって負担以外の何ものでもありません。

例えば、２つの業務を同時に進めるとすると、業務を切り替えるのには、その都度、ひとつの活動を停止する判断もエネルギーも必要になります。それぞれの作業を始める際のロスタイムも生まれます。こうした状態が続くと、脳への負担は大きくなり、ストレスホルモンのコルチゾールの分泌も増えます。場合によっては脳機能が低下したり、脳細胞が死んだりする可能性も出てきます。脳の働きから考えれば、複数の作業を同時に進めるのではなく、それぞれに一点集中して順番に取り組む方が効率はかなり良い可能性が高いです。ですから、私はなるべくシングルタスクを実践しています。

もちろん、中にはマルチタスクが可能な人もいるかもしれませんが、人間の構造からして大半の人には向いていていません。

将来の夢のために2時間ねん出する

私は1日のスケジュールをなるべく固定化していますが、**まず確保するのが「夢のための時間」**です。

きっかけは社会人になりたてのころです。私が新卒で入った会社は大手証券会社でした。待遇も悪くなく、上司の方々も人間的にも素晴らしい人ばかりでした。誰もが優しく、時に厳しく指導してくれました。

ただ、一方で、「こうした社会人になりたいか」と自問自答すると肯定できない自分がいました。ノルマに追われ、あまり顧客の役に立っていると思えない商品を売り、飲み会に明け暮れる。「こんな人生はいやだ。違う人生を歩みたい」と思う自分がいました。将来のために自分を磨こうと決めました。

「1日に2時間も？」とよく驚かれますが、みなさんも生活を見直せば必ず確保できるはずです。例えば、朝起きてスマホをダラダラ30分くらいいじっていませんか。夜も寝る前に気づいたら1時間以上、YouTubeを見たり、Netflixを楽しんだりが日常茶飯事ではないですか。これらの時間を活用するだけで、もう1時間半になります。

ですから、**1日のスケジュールを立てる際に、最初に夢への時間をブロック**してしまいましょう。ブロックしてしまえば、「どうやって2時間を確保するか」でなく「他のどこを削るか」という発想になります。

2時間の使い方として重要なのは、**自分の一生の資産になる勉強にあてる**ことです。

私たちは「何か勉強しよう」と時間を確保しても、どうしても目先の利益につながることに時間を割きがちです。夢のための時間のはずが、緊急で対応しなければいけない仕事や忙しくて普段対応できていない雑務に回してしまうことがよくあります。

どんなに忙しくても、自分の将来のために使いましょう。

例えば、**私は就職して間もない20代前半は英語の勉強にあてていました。**世界を見て回りたいと考えていたので、英語を本格的に勉強し始めました。結果的に、海外の企業で働き、今ではカナダとマレーシアの2拠点生活を送れています。英語を身につけたおかげで、何歳になっても世界のどこに住んでも困らないでしょう。多くの人とコミュニケーションがとれて、いろいろな情報も得られます。

英語の後に時間を割いたのがＭＢＡの取得です。学位を取ろうと準備して、実際に留学しました。私は一部上場企業の証券会社に勤めていましたが、「大手企業に就職したらそこで勤めあげて、出世するのが幸せ」と今よりも考えられていた時代です。家族も上司も大反対しましたが、押し切りました。確かにリスクはありましたが、結果的に給料も幸福度も上がった今があります。

もちろん今も、夢への努力は続けています。

1年半前にTwitterを始めたときは、2時間をTwitterにあてました。Twitterを始めたきっかけは、ひとりでも多くの人がお金を正しく理解することで、幸せになってほしかったからです。そのためには、不特定多数に発信できるSNSほど有効な手段はありません。

現在は、**中でも女性にお金を学んでほしい**と考えて、YouTubeなどでの発信も強化しています。日本では最近、熟年離婚が増えていますが、なぜ熟年まで離婚しなかったかというと経済的な問題がほとんどです。「離婚はしたかったけれども、お金がない……。ようやく子どもが独立して、年金をもらえる年になったから」と別れる決断をするわけです。

ということは、お金の知識があったり、自身にスキルがあったりすれば、年老いるまで我慢する必要もありません。自分の人生を早く生きられます。

また、離婚しなくても、男性が1人で家庭を経済的に支えている家庭では女性もお金を学ぶべきです。パートナーが事故や病気で働けなくなる可能性もゼロではありません。そうした時に本書のSTEP1で紹介したような知識があるかないかでは、全く先行きの見通しが違うはずです。女性もお金の勉強をすること、経験を積むことでみなさんの将来だけではなく家族の未来も変わってきます。**お金を知ることで人生は確実に変わります。**こうした活動をより強化したいです。

みなさんの人生の主人公はみなさんです。

人生は偶然の連続で、完全にはコントロールできません。夢への時間を確保することは自分の人生を自分で手綱をとってコントロールできる数少ない手段のひとつです。

寝る前に15分のKindle読書

私は1日の仕事の配分として、午前をアウトプット、午後をインプットの時間と決めています。インプットは寝る直前まで続けますが、方法は選びます。寝る前はAmazonの電子書籍リーダー「Kindle」で電子書籍を読みます。**Kindleを使うのがポイント**です。

みなさんの中には、「寝る前にスマホでニュースをチェックしたい」という人もいるでしょう。「スマホのKindleアプリで本を読んではダメなの」と思われた方もいるかもしれませんが、ダメです。

寝る前のスマホは厳禁です。

翌日の仕事のパフォーマンスにも直結しますし、女性の方はお肌の調子にも響くでしょう。スマホの画面が発する光に含まれるブルーライトの影響です。一方、**Kindleのディスプレーは睡眠の妨げや眼精疲労の原因にもなるブルーライトをほとんど出しません。**

ブルーライトは太陽光にも含まれますが、パソコンやスマートフォン、室内光にも含まれています。ブルーライトと聞くと体に悪いというイメージが強いかもしれませんが、一概にはいえません。例えば朝起きて、日光を浴びて、ブルーライトを感知することで、睡眠を司るホルモン「メラトニン」の分泌が抑えられ、体内時計が整います。そして、それから14〜16時間後にメラトニンが分泌され、自然な眠りに誘導してくれます。

つまり、日中はブルーライトを浴びられるならば浴びた方が良いのです。体内時計を整えてくれるだけでなく、気分が爽快《そうかい》になったり、記憶力が向上したりするなどの報告もされています。ただ、夜に浴びすぎると体内時計が乱れ、眠りにくくなってしまうデメリットがあるわけです。

当然、ベッドでスマホをいじりまくっている人は、ブルーライトをガンガン浴びています。体内時計が狂うと、目標時間に入眠・起床ができなくなります。無理に起床して環境に合わせようとすると、頭痛、眠気、倦怠感《けんたい》など身体の不調につながることもあります。がんや糖尿病、高血圧やうつなどに罹《かか》る可能性も高まります。

ですから、私は夜に極力、スマホを使わないようにしています。

私は今、毎日が幸せでたまりません。1日でも長く生きていたいので、健康が生活のベースになっていることはお話ししましたね。

なぜ、ここまで健康を強調するのか若い人には理解に苦しむかもしれません。というのも、私自身の体験から30代半ば以上になると、かなり意識しないと健康を維持することすら簡単ではなくなるからです。そして、健康維持には食事、運動、睡眠が欠かせませんが、その中でも良質な睡眠が不可欠です。

考えてみてください。運動を1カ月くらいサボっても体調が急激に悪化しませんし、1週間ほど食生活が乱れても日常生活は送れるでしょう。ただ、1日でも徹夜をしようものならば、パフォーマンスは急激に悪化します。私の場合、睡眠だけはまずしっかりとることを意識しています。

厚生労働省によれば、日本人を対象にした調査で、**5人に1人が「睡眠で休養が取れていない」「何らかの不眠がある」**と回答しています。不眠症はもはや特殊ではなく、国民的な病気ともいえます。

現代人はデジタル機器から離れられません。よい眠りのため、よい人生のためにブルーライトとの付き合い方はこれまで以上に重要になります。そして、睡眠を妨げずにインプットに適しているのがKindleになります。

最近のKindleには紙に近い特性を持つ「E Ink」をディスプレーに採用していて、目の疲れは大幅に軽減できます。ブルーライトをほとんど出さないE Inkディスプレーは目にやさしく体内時計への影響もほとんどないため、長時間使用しても睡眠障害の要因になりません。

もちろん、紙の本での読書でもかまいませんが、電子書籍は本文の一部分にマーカーでラインを引いて、手書きのメモを書き込むことができます。紙の本に付せんを貼っていくような感覚で使えるため、とても便利です。紙の本に書き込みをしたら後で消すことはできませんが、Kindleであればキレイに消すことができます。これもメリットです。

就寝前の時間にインプットする習慣づくりにはKindleが最強です。

また、私の場合、**夜はスマホの電源を切って、寝室に持ちこまないようにしてしまいます。**

そうすることで、多くの人がやりがちな朝目覚めたらダラダラとスマホを触ってしまう行為も防げます。朝一でメールの返信などの連絡をしたければ、パソコンで対応すればよいのです。

スマホは非常に便利な機器であり、現代人にとって必需品ともいえる道具です。スマホがあればお金がなくても楽しめますし、職種によってはスマホ1台で仕事も完結します。私もスマホがなければ仕事になりません。

ただ、スマホは私たちから時間を奪う悪魔のような機器でもあります。

現在、スマホ利用者向けにはさまざまなビジネスモデルが登場しています。一般によくいわれるのは、それらはスマホ上での「アテンションエコノミー」だということです。利用者をどれだけ引きつけられるか、アプリの利用時間をどれだけ増やせるかが企業の死活問題になっています。常時使われるアプリになれるかどうか、スクリーンタイムを奪い合っています。つまり、いかに時間を使わせるか、スマホを握らせ続けるかが彼らのビジネスの根幹にあります。ですから、私たちは何の目的もなくスマホを触り始めても、ダラダラと触り続けてしまうわけです。

欲望に打ち勝つのは簡単ではありません。ですから、**欲望そのものを起こさないような仕組みをつくる**しかありません。

私は日本での学生時代、勉強はあまりしませんでしたが、本は読んでいました。キックボクシングの練習時間以外は本をずっと読む生活でした。「社会に出る前に広い知識を身につけたい」と思い、とにかく読みまくっていました。小説も読めば、ビジネス書も自己啓発書も読みました。平均すると1日1冊のペースでした。

情報は本ではなくてネットニュースや動画で十分という人もいるでしょうが、私は本をおすすめします。本書もそうですが、本には著者の人生が凝縮されています。

例えばビジネス書には著者の成功や苦労などの経験から得た教訓が詰まっています。いわばその人の人生そのものを2000円もかけずに追体験できるのです。

「人間は最も一緒に過ごす時間が長い5人の平均になる」というアメリカの起業家の言葉があります。長く周りにいる人の考え方や行動がみなさんを大きく左右します。つまり、周りの人間次第で大きい人物にも小さい人物にもなりえます。

「それならば、凄《すご》い奴とだけ付き合えばいい」という発想になりがちですが、学生やビジネスパーソンの交友範囲は限られます。ビル・ゲイツ氏やウォーレン・バフェット氏と仲良くなりたくても、仲良くなれません。

ただ、本ならばそうした人たちの考え方に触れることができます。人生や仕事の手本（メンター）にすることができます。その業界のトップの人たちと直接つながることができます。

私が今でも何かを学ぶ際に意識しているのは常にトップから学ぶという姿勢です。キックボクシングでしたら当時、K－1王者だった魔裟斗選手の動きをコピーしました。投資も投資の神様のバフェット氏の手法を一部取り入れています。

私が会社を辞める決断ができたのも、MBA留学で睡眠を削ってまで頑張れたのも、そ

れまでに読んだ、多くの本が私を支えてくれたからでした。

私の読書はアウトプット前提です。

本は読んだだけで満足したら意味がありません。「読んだからやろう」ではなく、今の自分に必要なスキルに直結する本を読んでいます。行動ありきの読書です。すると、吸収率が何百倍も違います。ですから、もしあなたがタイムマネジメントに悩んでいたら、書店でベストセラーになっているビジネス書をやみくもに読むよりも、時間術の本を徹底的に読み漁《あさ》る方が効果的でしょう。

買った本は最初から終わりまで全て目を通すようにしています。といっても、一字一句全てを集中して読みません。

目次を読めば、どこが今の自分に必要か、必要でないかはわかります。重点的に読みたいところは集中して、そこ以外はザッと読み飛ばします。読めば読むほど、知識も増えるので1冊当たりにかかる時間も少なくなります。

何を取り入れるか、実践するかは、ひとつのテーマに関する本を何冊か読むと、はっきりと見えてきます。例えば、自己啓発書でしたら「金よりも時間を大切にしろ」「自己投資を惜しむな」というようなことが多くの本に書かれています。私は、そうした共通項の中で自分に合った最適解を組み合わせて、行動指針としてきました。

今は読書時間は寝る前の15分程度なので週1冊程度ですが、私にとって欠かせないルーティンになっています。

アウトドアや旅行で幸福度を上げる

カナダは都市部から少し車を走らせるだけで雄大な自然と触れ合うことができます。広大な土地に恵まれていることもあり、カナダ人はアウトドアが大好きです。キャンプ場でテントを張っても、ひとつひとつが木々に囲まれていて、周囲を気にせず自然と一体になれます。

アウトドアを楽しむ行為は、人間として非常に理にかなっています。

ホモ・サピエンスは約20万年前に誕生してから、大半の時間を自然の中で暮らしてきました。

ですから、都市にいるよりも緑の中にいる方が脳は喜びますし、安心します。

実際、**屋外で過ごすことは、血圧や消化機能を改善し、免疫力を高める効果がある**といわれています。緑の木々の近くで過ごせば、幸せホルモンのセロトニンの分泌が促進されることもわかっています。森だけでなく、海の音を聞くことでも人は副交感神経が優位になり、ゆったりした気持ちになれます。

実際に自然を離れて建物に囲まれて住むようになったのは、現在に至る数世代だけです。人間が自然から離れて建物に囲まれる生活スタイルへと移行したことと、メンタル疾患の増加との間には、一部の研究において関連性が認められています。逆に都市環境での生活がストレスレベルを増加させ、それがメンタルヘルスや幸福度の低下の問題に繋《つな》がるということも指摘されています。

ですから、私も週末や休暇をつかって、旅行になるべく行くようにしています。普段は服にも車にもお金を使いませんが、旅行にはケチケチせずに使います。大自然と触れ合えば、脳も喜びますし、思い出になります。

実際、思い出は何ものにも代えがたいものです。

家族や恋人、友人と「楽しかったよね」と回想することで、セロトニンが生成されます。

思い出は残りますから、減りません。

旅行にたくさんいけば、それだけ思い出は増え、幸福の資産が蓄積されます。日本では「モノより思い出」というCMが以前ありましたが、まさにその通りなのです。

アウトドアや旅行といっても、海外の大自然と向き合う必要はありません。カナダ人のように、気軽に行ける近場でアウトドア活動を休日の計画に取り入れてみましょう。心身の健康状態を改善する手段にもなるはずです。

スタバは特別な日に

コーヒーショップやカフェなどで飲み物をテイクアウトしている人をよく見かけます。出勤前にスターバックスに寄るのが習慣になっている人もいるはずです。

スタバのドリンクはおいしいですが、1杯500円くらいします。お金を貯めるという観点からは、毎日買うのは絶対にやめたほうが良いでしょう。よく節約の本では「ラテマネーを削りましょう」と書いてあります。カフェで使うお金のように少額でも買うのが習慣になっているお金です。塵《ちり》も積もれば山で、大きな出費の原因になっているケースが多いですね。

でも、みなさんは、本当にこの1日500円の威力を理解していますか。節約を続けるポイントとして、この1日500円の威力がどれぐらいあるかを知っておくことはみなさんの幸福度に直結します。

月間：500円×30日＝1万5000円です。

年間では12カ月で18万円です。

自宅でコーヒーを淹《い》れてタンブラーで持ち運ぶことで年間18万円も節約できます。

ちなみに私は毎日家で豆からコーヒーを淹れています。コストコで買った豆でコーヒーを淹れて、水筒で持ち運んで飲んでいます。どんなに高級で美味《おい》しい豆を買ったとしても、カフェでテイクアウトするよりも圧倒的に割安ですから絶対におすすめです。仮に、スタバが大好きならばスタバで豆を買っても、一袋1000円台で1カ月は飲めます。コストパフォーマンスが全く違います。

ここまででしたら単なる節約術です。

重要なのはここからです。

これを年率7%で32年運用すると、STEP2で紹介した「複利」の力で2000万円を超えます。

1日のスタバの代金を運用に回すだけで、老後資金ができてしまうわけです。そう考えると「たかが500円」と笑えなくなります。節約を続けられない人と続けられる人の違いは、この威力を本当の意味で理解しているかどうかになります。

もちろん、私はスタバに行くなというわけではありません。

「仕事をする環境を変えたい」「友達と会って気分をリフレッシュしたい」「お昼休みはひとりになりたい」など、そういった気分転換に利用する場合は仕事効率の上昇などにも効果があります。

ただ、厳しいことをいいますが、テイクアウトに関しては、無駄に高いお金を払って飲み物を買っているだけです。割高といわれる自動販売機やコンビニで買うほうがまだ安く済みます。とはいえ、我慢し過ぎても続かないので、週1回、月1回と自分で決めて付き合っていくのが良いのではないでしょうか。

スタバの1杯が未来のあなたの生活を大きく変えるのです。そうすることで、ただつらいだけのライフハックでなく、幸せへの道になります。

STEP 4

「捨てる」だけでお金が貯まりだす習慣

テレビ、書類、マットを家に置かない

ここまで読み進んできたみなさんは、自分なりの幸せのサイクルをかなり描けてきたのではないでしょうか。

自分にとって何が幸せかを突き詰めれば、自然とお金を使わなくなり、お金は貯まります。そのお金を投資に回すことで、金銭的のみならず精神的にも余裕ができます。

ＳＴＥＰ３で紹介したライフハックを使えば、自分の好きなことにますます打ち込めて、無駄な時間もお金もそれまで以上に使わなくなり、さらに幸福度は高まります。

ただ、みなさんの生活には意外な落とし穴もあります。あまりにも当たり前すぎる、誰もが常識と信じ込んでいるムダが潜んでいるのです。私もカナダに移り住んで、ふと、「なんで、あんなことを日本ではしていたのだろう」「あんなものをなぜ買ったのだろう」と気

づいたことが少なくありません。ここでは、みなさんの生活を知らず知らずのうちに不幸にしかねないモノやコトをみていきます。

「捨てないと貧乏神が家に住み着く」

古くからある迷信のひとつです。しかし、一面の真理があるようにも思います。

とはいえ、誰もが、ものが減るどころか増えていく経験をしていると思います。

何を捨てて、何を残すかの選別が難しい人もいるかもしれませんので、捨てるべきものをお話しします。

①テレビ

確かに、かつてテレビは家族のコミュニケーションにも不可欠でした。

私も39歳なので、子どもの頃は家族でテレビを囲んで素敵な時間を過ごしてきました。

でも、テクノロジーの進歩によりみんながスマホを持って好きな番組を見られるようになりました。

テレビを囲んで幸せな家族の団欒《だんらん》という時代は終わりました。核家族化も進んでいますし、残念ながらそんな豊かな時代は戻ってきません。

情報収集のためにテレビを見る方もいるでしょう。

でも、それならば、ネットのニュースサイトをざっと見るだけで対応できますし、Podcastなどで耳から聞いた方が効率的です。

テレビは映像が前提ですので、耳で聞いているつもりでも、視覚を持っていかれてしまうメディアです。あわただしいビジネスパーソンの情報収集には向いていません。そもそも受け身のメディアなので、気になることがあってニュースを見るのならば、ネットでググる方が短時間で情報を得られます。

そもそも、テレビは楽しい番組もありますが、不要な情報も多いのが今の現実です。「○○が不倫」「○○と○○が離婚」など世の中の大勢に影響がないニュースばかりです。

ただ、人間は不思議なもので、いざ目にすると、こんなことがあったのか、嫌だなぁ……とネガティブな気持ちになりながらも、ついつい見続けてしまいます。

人の脳はポジティブな情報よりネガティブな情報に注目して、優先的に信じたり、記憶に残したりするネガティブバイアスという傾向があります。テレビはその心理を利用し、ネガティブなニュースを意図的に流しがちです。

結果的に視聴率が取れるからです。つまり、公共の電波を使った番組とはいえ、価値があるとか世の中のためになるとかとは別の理屈で番組がつくられているといっても言い過ぎではありません。

テレビを避けるべきもうひとつの大きな理由はコマーシャルに物欲が刺激される点にあります。

例えば**YouTubeだったらプレミアムに入ればCMを無くすことができます。**でも、テレビは物欲を刺激し続けるためにCMが必ず流れるような仕組みになっています。

みなさんもテレビを見ていて、紹介されているものが欲しくなって、財布の紐《ひも》がつい緩んでしまった経験が1度はあるはずです。テレビを捨てることで、誘惑を避けられ、お金が自然と貯まるサイクルが加速します。**テレビがない生活を検討してみてください。**

小さい子どもがいるなど家族の都合で捨てられない人もいるでしょう。テレビを捨てて、家族が不仲になったら意味がありません。私がお話ししたテレビ制作のからくりを頭に刻んで、意識的にテレビから距離を置くようにしましょう。

②契約後に全く見ていない書類

みなさんの家や会社には「いつか見るかも」と大事に保管している大量の書類があるはずです。実際には数年経っても手に取らず、引っ越しでもしなければ、「いつか」は永遠に訪れないのです。

契約書のように**紙ベースで絶対に保管しなければいけない書類は別として、他の書類は思い切って捨てましょう。**

書類をとっておくことはみなさんが思っている以上に危険な行為です。脳のパフォーマンスを下げかねません。

私たちの脳は優秀だからこそ、「書類を保管している」というどうでもいい情報も保存しています。ただ、当然ですが、それに対処するためにはエネルギーを消費しますし、脳にはキャパシティーがあります。結果として、脳がストレスを感じる可能性があります。

それでも捨てられない人は、**どうしても必要だと思う書類や資料はスキャンするなど、**

電子化して保存しましょう。検索すれば一発で書類を見つけられますし、明らかに効率的です。

製品の説明書や空箱もいりません。

今の時代はネットが説明書代わりになります。

企業のホームページをたどれば商品の説明書はネット上に公開されています。

YouTubeで使い方を検索した方が映像付きではるかにわかりやすいですし、文章で情報が欲しい人もGoogleで検索した方が効率的です。

とっておくべき箱は鯉のぼりやクリスマスツリーなど季節性のある道具の箱ぐらいです。

ものが少なくなることで、生活環境が整理され、心に余裕が生まれます。

③マット（ラグ、カーペット）

ラグがあったらお部屋がおしゃれにみえる気がします。有名人のSNSなどを見ても確かに映えます。

でも、自分が住むとなったらどうでしょうか。掃除に時間がかかりますし、シミができたりすると、汚くなります。カビやダニの住処《すみか》にもなります。

私は料理が趣味なので、台所をよく使います。キッチンマットもずっと習慣として敷いていたのですが、無くしてみた今、何も困っていません。

床に水などがたれてしまった時はキッチンペーパーで拭《ふ》くだけの方がはるかに衛生的です。

トイレマットは子どもがいる人にとっては別名「おしっこ保管機」と呼ばれているように不衛生です。おしっこがこぼれていたら、トイレットペーパーでこまめに拭く方がはるかに清潔です。マットがあると、掃除もしにくくなるし、置くメリットが何もありません。

「バスマットはないと困る」という人は多そうですね。確かにお風呂《ふろ》上がりに床が濡《ぬ》れてしまいそうですが、体をしっかり拭いてから、浴室を出れば床は濡れません。濡れてもタオルで拭けば問題ありません。

「どうしてもバスマットはゆずれない」「お風呂はそもそも濡れるところだし、そこまでしなければいけないかな」という人におすすめなのは、珪藻土《けいそうど》バスマットです。

水分をサッと吸収し、すぐに乾きます。私も愛用していて、お手入れ不要で消臭や空気清浄の効果もあるのでぜひ試してください。

明日から断捨離したいけれど何から始めようか、と迷うこともあるはずです。**そんな時はまずは、ラグやマットから処分するのをおすすめします。家が清潔になり洗濯や掃除の手間から解放されて、生活の質が向上すること間違いなし**です。

「見栄」を捨てる

「見栄《みえ》っ張り」な面が、戦後、日本の消費を伸ばしてきた面はあります。例えば、「会社の同僚があの車を買ったから、自分も」といった具合に、誰もが多少背伸びすることで経済が回っていました。

とはいえ、今でも多くの人が「見栄消費」にがんじがらめになっているように思えます。

みなさんも、「みんなよりいい物を持って自慢したい」「異性に格好良いと思われたい」などの気持ちで、ブランド品や高級品を買っていませんか。

見栄消費が日常化してしまうと、人よりいい物を身につけないと気が済まなくなります。「本当に自分にとって必要なのか、なぜ必要なのか、見栄で欲しいだけなのでは」と自問自答しましょう。例えば、車を欲しい理由も、「移動のため」だと考えれば、中古車を一括で買えばいいのです。

多くの人は、いざ買うときに、かっこいい車が欲しくなり、グレードを上げていきます。ローンを組めば金利もかかります。一般家庭がスーパーカーのような車を投資対象として買うケースはほとんどないでしょうから、資産価値は購入時をピークに目減りします。

時計も見栄を張りがちです。時計の本来の役割は時間を正確に伝えることです。ですから、機能だけでいったらApple Watchで十分です、**私からすれば、Apple Watchほど機能的な時計はありません。リーズナブルなものであれば5万円以内で買えます。**ただ、多くの人は収入が上がれば上がるほど、高い時計を求めがちです。

もちろん、車や時計が生きる上で絶対に譲れない場合は私も止めません。また、インスタグラマーのように見栄が仕事につながるケースも必要な支出でしょう。

ぜいたく品を買いたくなる気持ちはわかります。脳内でドーパミンが分泌されるからです。ただ、ドーパミンによる幸福感は一瞬で下がります。

そもそも、他人は意外とあなたのことを気にしてはいません。見栄の張りがいはあまりないのです。

お金を何に使うか、使わないか、周囲の目で判断するのではなく、自分の中に軸を持つべきです。お金をつかう「型」さえできれば、あとは自然と支出は減ります。自分の幸せから逆算して、優先順位をつけて、見栄消費を止めましょう。

贅沢《ぜいたく》なライフスタイルに慣れてしまわないことも大切です。

英国の政治学者パーキンソンが唱えた**「パーキンソンの法則」によると、支出の額は収入の額に達するまで膨張します。つまり、人間は意識的に歯止めをかけなければ、持っているお金を持っているだけ使ってしまいます。**

私のクライアントにも、**「年収が高くても、気づいたら貯金がほとんど貯まっていません」**という人は少なくありません。

「主任から課長に昇進したから、これまでよりも高価なシャツやスーツをそろえるのは必要経費」という考えもあるかもしれません。

ただ、よくいわれますが、1度生活水準を上げると下げにくいのは間違いありません。

ディドロ効果と呼ばれるものがあり、ブランド品を統一したいという欲求です。

厄介なことに売る方はこの効果を十分に知り尽くしていますので、ブランド側は当然そこに訴求します。全力でみなさんの見栄を刺激するように設計されています。

私はブランド物を一切もっていませんが、デジタル機器はスマホもパソコンも全てApple製品でそろえています。ただ、私の場合は、最新の電化製品を使うことで、仕事のスピードが上がります。そろえることで、収入増に結びついています。

パーキンソンの法則もディドロ効果も、いわれれば、「それは当たり前でしょ」と思われるかもしれません。ただ、人間の行動にはそうした落とし穴があると知っているかどうかで誘惑に耐えられます。

STEP2で投資したら、放ったらかしでいいとお話ししました。**資産は気にしなくていいので、自分の消費行動がぶれていないかは1年に1回はチェックしましょう。**

使わないサブスクは解約する

「サブスクができてから超便利になったよね。CDを買ったり、DVDをレンタルしたりする必要なくなったし」

このように感じている人は多いはずです。

「サブスク」を念の為に説明すると、サブスクリプションサービスの略で日本では定額制サービスとほぼ同じ意味で使われています。月額1000円で聴き放題だったり、見放題だったりなどのサービスのことです。Netflix や Spotify（スポティファイ）、Amazon プライムや YouTube プレミアムなど、みなさんの中にはいくつも加入している人もいるのではないでしょうか。

加入していれば便利ですが、**おそらく大半の人にとってサブスクは見直す余地がかなり大きいサービス**です。

「最近、Netflix で映画を見ましたか」「Spotify で音楽を聴きましたか」と聞かれたら、「そういえば、使っていない」という人が多いはずです。

今、使っていなくて、今後も具体的に使う予定がなければ、おそらくこの先1カ月も、2カ月も使いません。

思い切って解約しましょう。

たかが月1000円かもしれませんが、されど月1000円です。1年で1万2000円、10年で12万円になるので馬鹿にできません。STEP3でスタバに使うお金で老後資金が賄えるハックを紹介しましたが、同じようにサブスクのお金を積み立て投資に回せば複利効果で大きく膨らみます。

月額に換算すると大きな額に感じないのがサブスクの怖いところです。

私も面倒で解約を忘れたことがあるのですごくわかります。しかし、それこそサブスクビジネスの狙いです。資本主義の世の中は「いかにお金を使わせるか」で回っています。AmazonもNetflixも急成長したのは、私たちがこのビジネスモデルに気づかぬうちに乗せられてしまっているからです。

例えば、「配送料無料になるからAmazonプライムに入っている」人もいますが、Amazon.co.jpが発送する商品で、注文金額の合計が2000円以上ならいつでも、だれでも、日本全国、通常配送料が無料になります。つまり、まとめ買いすればいいだけなのです。

もちろん、みなさんの生活を本当に便利にしてくれるようなサービスを解約しろとはいいません。例えば、私はYouTubeプレミアムに加入しています。プレミアムの特典としては広告なしで動画を見られたり、動画を一時保存できたりすることが有名ですが、私は「バックグラウンド再生」機能が必要だからです。

これにより、画面を閉じたままの状態でも、他のアプリを使っている間でも、動画再生が可能です。なぜ、この機能が不可欠かというと、私は動画を見るのではなく、移動しながら耳で学習するからです。YouTubeの画面を閉じても、ラジオのように音声だけを楽しめます。もし、気になったことがあれば、流しっぱなしにしながらネットで調べられます。

月約1500円ですがほぼ毎日使うので、無駄な出費とは思っていません。

サブスクは固定費になります。そして、固定費の見直しほど節約には効きます。1回見直すと、それが毎月続くからです。ここではNetflixやAmazonプライムなどのサブスクを例に出しましたが、**スマホをキャリアから格安SIMに切り替えたり、幽霊会員になっているジムを解約したり、無駄な固定費を今すぐ見直しましょう。**

人気の商品やサービスのビジネスモデルや儲かる仕組みを知らないままでいると、無駄なお金を使わされてしまいます。自分の大事なお金を守れないし、貯金も当然できません。

「負け確定」のギャンブルや宝くじには手を出さない

依存性の高いお店としては、キャバクラなどの夜の店のほかに、パチンコなどのギャンブルもあげられます。ギャンブルはサンクコスト効果（それまでの投資によって使った費用や労力を考えて行動を続けてしまう）でお金をつぎ込んでしまう最もわかりやすい例でしょう。

サンクコスト効果に加えて、たまに勝った時の快楽が人を夢中にさせます。ギャンブルは脳の仕組みとしてドーパミンをドバドバ出させます。勝った喜びで負けの苦しみを忘れるように設計されています。

そもそも、ギャンブルは非常に勝ち目の薄いゲームです。マイナスサムゲームだからです。

経済学のゲーム理論では、マイナスサム、ゼロサム、プラスサムの3つがあります。

ゼロサムゲームは参加者全体の損得がゼロになります。

例えば仲間4人でゲームのマリオカートの大会をやるとします。その時、1人1000円ずつ出しあって1位が4000円をもらえるようにします。この場合、参加者から4000円集めて、全額を賞金として還元しています。つまり、勝った人が得をした金額と、負けた人が損をした合計金額が同額で、トータルでプラスマイナスゼロです。

一方で、**参加者から集めたお金よりも還元するお金の方が大きい場合は、プラスサムゲーム**になります。例えば、合計4000円集めて賞金総額が5000円のような場合です。反対に、参加者から4000円集めて、賞金総額が3000円の場合はマイナスサムゲームといいます。

期待値で考えると、プラスサムゲームだと自分たちが出したお金より返ってくるお金の方が多く、ゼロサムゲームだと同じ、マイナスサムゲームだと自分たちが出したお金より返ってくるお金が少なくなります。ですから、マイナスサムゲームは単純に考えれば「買えば買うほど損をする」可能性が高くなります。

パチンコ、競馬、競艇、そしてその他ギャンブルも全てマイナスサムゲームです。これらは全て、そもそも胴元が儲かる仕組みになっています。還元率（使った額に対してどのくらい戻ってくるかの割合）はパチンコ・パチスロが80～85％で競馬が70～80％といわれています。つまり胴元が2割程抜いた後の金額を分け合っているのです。参加者がかけた金額以上のお金が参加者に返ってくることはありません。ですから、基本的には一般客である私たちは負けるようになっています。

「ギャンブルをしなければ死ぬ」という病気でもなければ、負ける確率の方が圧倒的に大きいゲームで勝負する必要はありません。

「イッセイさん、ギャンブルなんてやりませんよ。私はたまに宝くじを買うくらいです」という人もいるかもしれません。ちょっと待ってください。夢が広がるドリームジャンボ宝くじとＣＭが流れていますが、夢が広がるのは実は胴元だけです。

確率論の観点からいえば、**宝くじは「愚か者の税金」**といわれています。リターンの期待値で言うとギャンブル以下です。

還元率は約46％とギャンブルと比べてもかなり低いです。

ピンとこない人に説明すると、年末ジャンボの1等に当たる確率は、交通事故で死亡する確率の約588倍も低いです。

宝くじを買うことが趣味などでなければ、今後の購入はおすすめしません。

ギャンブルや宝くじに費やす分のお金をコツコツ貯金したり、積み立て投資に振り向けたりするほうが結果的に蓄えは増え、夢も広がります。

支払いすぎの生命保険をやめる

「イッセイさん、私はギャンブルも宝くじもやりません。マイナスサムゲームなんてバカらしくて手を出しませんよ」

そう思われた人も少なくないでしょうが、本当でしょうか。

実は日本人の多くが何も考えずに参加しているマイナスサムゲームがあります。大半の人はそのことに無自覚に胴元を儲けさせてしまっています。

生命保険や医療保険です。

商品にもよりますが、医療保険やがん保険などの還元率を推計すると、40〜70%くらいと言われます。還元率だけでは、パチンコや競馬よりも悪いわけです。

もちろん、保険はギャンブルとは違った性質があります。一家の稼ぎ頭が突然亡くなっても、死亡保険に加入していたことで救われる家庭もあるでしょう。ただ、それでもマイナスサムである性質は理解して、内容に納得した上で契約すべきです。

日本人は保険が大好きな国民です。「株を買った」というと、「え、大丈夫」と反応されますが、「保険に入る」といっても多くの人は「ふーん」で終わりです。誰も「大丈夫?」とは聞かない国です。これは余談ですが、生命保険を日本に初めて紹介したのは福沢《ふくざわ》諭《ゆ》吉《きち》です。欧米に旅行する人向けの手引書で生命保険を人の「生涯を請け合う事」としています。非常にポジティブな印象を与えますよね。

実際、人生の中で2番目に高い買い物が保険といわれるほど、日本人の保険料は世界的にも突出しています。

ＳＴＥＰ１でお伝えしましたが、アメリカは国民皆保険ではありません。日本のように優れた社会保険はありません。それでも、日本国内の死亡保険への加入金額は平均すると、アメリカよりもかなり高い水準です。医療保険やがん保険が日本で売れていることも、いかに保険好きかを物語っています。

昔から日本には、「生命保険は社会人になって入社と同時に入るもの」という慣習があります。入社と同時に職場に出入りする保険のセールスの勧誘で加入した人もいるでしょう。自動で給料から天引きされているので、生命保険に入っている感覚が薄い人もいるはずです。

そのため、自分が加入している保険の内容を全く知らない人も少なくありませんが、内容をきちんと確認すると高すぎる保険料を支払わされていたり、不要な保険やオプションをつけられていたりするケースも珍しくありません。

保険は1度見直すと、年間で10万円、10年ならば100万円というかなり大きな支出の削減にもつながります。

私のクライアントも私と一緒に保険を見直して、不必要な保険を解約して年間10万円、多い人だと50万円という金額を節約して投資や貯蓄に回しています。

私はクライアントに、とにかくマイナスサムゲームを避けて、プラスサムゲームだけに手を出していくようにアドバイスしています。そして、プラスサムゲームの代表例が長期の金融投資です。

ＳＴＥＰ２で詳しくお話ししましたが、世界経済全体やアメリカ経済全体は伸びていくことが予想されます。結果的に投資した人みんなが出したお金以上の利益を得られる可能性が非常に高い仕組みになっています。

お金を出す際には、世の中の常識に惑わされずに自分の頭で、マイナスサム・ゼロサム・プラスサムのどれに該当するかを考えましょう。

崩れつつある不動産神話に騙されない

「持ち家か賃貸か」。30〜40代の方の中にはこの二択で悩んでいる人も少なくないでしょう。

結論からお話ししますと、**迷っているのであれば、日本では家を買うべきではありません。**条件のいい物件を買えば後述するように、もちろん不動産価格は上がります。

不動産営業の人が必ず使う口説き文句があります。

「買えば資産になりますよ」「家賃を払っても何も残りませんが、不動産は売れますよ」

でも、これらは本当でしょうか。

最近はマンション価格が高騰しています。大都市圏では年収の7~8倍にも相当し、これはバブル期に迫る勢いです。大都市圏の郊外のマンションも2000年代には3500万円程度だった3LDKが7000万円を超えるのも珍しくありません。

ただ、地価をよく見てみると、三大都市圏でも昔からあまり人気のなかった地域や交通の便が良いとはいえない地域は横ばいです。地方に至っては一部の新築マンションは高騰していますが、大半の地域は下落が止まりません。軒並み高騰したバブル期とは全く様相が異なります。ごく一部の高騰している場所と横ばいの場所、そして下落している場所に三極化しています。

理由は簡単です。

日本は人口が減るからです。日本の人口は2008年の1億2808万人をピークに減少局面に入っています。2030年には1億1662万人、2050年には9515万人まで減少する見通しです。半世紀も経たずして、3000万人以上が減る見通しです。

すでに、今でも地方では土地も家も余っています。空き家問題も大きな社会問題になっています。都市圏でもこれからそうした状況が出てくるでしょう。「老人になったら貸してもらえないから家を買った方がいい」という意見もありますが、老人だからという理由で、賃貸の更新ができずに家を追い出された人をみなさんは見たことがありますか。これからは家も余ります。大家さんも何とかして空室を埋めたいはずです。住む場所に困るということは考えづらい状況です。

ですから、「家が資産になる」状況も考えづらくなります。日本中に家が余っているのに買いたい人が少なくなる一方なのですから、よほど条件の良い家でなければ資産にはなりません。売ろうと思っても売れない、そんな状況がくるはずです。

もちろん、都心の超一等地はこれからも人気でしょう。「銀座の超一等地の不動産を買う」となったら話は別ですが、おそらくそうした人は本書を手に取っていないはずです。

もちろん、都心部でしたら超一等地でなくても優良物件はあるはずです。ただ、正直、その見極めは素人には難しいでしょう。そもそも、**日本で数少ない優良物件の情報は富裕層にだけ届きます。**株式の世界と同じで富める者はさらに富む構造にあります。万が一、そうした不動産の情報を手にしたところで大きな問題があります。いつ買って、いつ売るかのタイミングは不動産のプロでもわかりません。

歴史的観点や再現性の高さから見ても、投資の王道は株式と不動産なのは間違いないですが、日本には当てはまらないと私は考えています。

確かに海外でしたら、家は資産になります。北米や欧州では家を直して住み続ける文化があります。エリアによっては古い家ほど価値が上がる可能性もあります。土地だけでなくて上物にもしっかりとした価値があります。これは気候とも無縁ではありません。天災が少なく、湿度が低いため、家が傷みにくいことが関係しています。北米は人口が増えていることもあり、バンクーバーでは投資のことなど何も考えずに家を持っていただけで不動産長者になった人も少なくありません。

一方、日本は地震も台風も多いですし、湿度も高いので家が傷みます。メンテナンスも大変です。また、長く住み続ける文化というよりは新築文化です。買った瞬間に不動産価値は下がります。そして、さきほどお伝えしたように人口も減り、土地の価値も二束三文になりかねません。海外に比べて日本で私たち中流家庭が不動産を資産として位置づけるのは難易度がかなり高いといえるでしょう。

もちろん、どうしても家が欲しいという人は買ってください。子だくさんで持ち家でないと住みにくい、好き勝手に改修したいので持ち家が欲しいという人もいるでしょう。はっきり言って、持ち家が子どもの頃からの夢だった人が家を買わないのはナンセンスです。ただ、資産として考えていたり、賃貸か持ち家かで現在悩んでいたりする人は、買うことはおすすめしません。

これからは間違いなく、誰も買い手がいない土地が日本中にどんどん増えます。住む場所には困りません。**日本人を長く洗脳してきた不動産神話を捨て去りましょう。**

STEP 5

お金より大切なものを手に入れるために

才能がなくても資産形成はできる

「『億り人』って、一体どんな習慣を持った人なのだろうか」

本書を手に取ったみなさんはそう感じていたはずです。

「別世界の話だから私にはどうせ無理。何言っているのだよ」と冷やかし半分に読み始めた人もいるでしょう。

私も、かつては同じ気持ちでした。

「資産1億円？　自分とは無縁の特別の才能を持った人たちの話でしょ」と考えていました。

ところが、金融の仕事に15年携わり、約1000人のクライアントと向き合った今、それは誤った認識だったことを日々感じています。

特に12年前にカナダにきてから、「自分の幸せ」を明確に持っている人たちを見るにつれ、その思いを強くしています。

仕事だけでなくプライベートでもカナダ人に接していて気づいたことは、**『億り人』も私たちと同じ普通の人**」ということです。

確かに、みなさんがイーロン・マスクさんになれるかといわれたらわたしにはわかりません。申し訳ありませんが、たぶん今からではなれないはずです。多くの人は、電気自動車で自動車市場に挑戦したり、宇宙にロケットを飛ばしたりはできないでしょう。

ただ、**億り人にはなれます。特別な才能がなくても、誰でも資産形成はできる**のです。

もちろん、これまでもみなさんは資産形成にチャレンジしてきたかもしれません。富豪になるためのノウハウをネットで読んで計画を立てたり、お金持ちのインフルエンサーの真似をしたりしたかもしれません。

おそらく、3日も経たずに元の生活に戻ってしまったのではないでしょうか。「今日は仕事で疲れたから」と言い訳しているうちに、資産形成の目標もいつのまにか諦《あきら》めてしまったのではないでしょうか。

私も新卒で日本の金融機関に就職しましたが、「こんな年功序列の働き方はいやだ」と入社早々に嫌気がさして、実はデイトレードの本を買って勉強しましたが、全くうまくいかずに諦めた過去があります。

ＳＴＥＰ２でもお伝えしましたが、世の中に出ている投資成功者のノウハウ本の大半は再現性が高くありません。その人がその時代にその場に偶然いたから儲かった、というケースがほとんどです。運も実力のうちとは言いますがほとんど「運」です。革新的なアイデアで起業するとか、デイトレーダーで億稼ぐのと同じで、ごく一部の人にしかできません。再現性が極めて低い方法です。

そんな「運」任せの人生は、今日で止めましょう。

私がこの本でお伝えしてきた積み立て投資や資産形成につながるライフハックは誰でもいつからでも実行できる方法ばかりです。

実際、私のクライアント達も毎月の貯金額を1万、2万と増やしていき、多い人では家族で20万円以上の余剰資金を毎月投資に回すことができています。

「やり方」さえ間違わなければ、一生、お金に不安のない生活を送れます。科学的にも正しい習慣で誰でも自然と早くお金が貯まるようになります。繰り返しになりますが、**人生を変えるのはみなさんの才能でもやる気でもありません。毎日の習慣が最も大切です。**

そのことを改めて認識していただき、私がSTEP4までにお話しした方法を1日でも早く取り入れてください。

人生の価値観を問い直してみよう

人生にはお金より大事なことがたくさんあります。あなたの夢や家族や健康です。ですから、お金はあくまでも脇役です。お金の不安を抱かずに、楽しく自分らしく生きることが人生の意義です。

そうした生活を送るため、私がおすすめする資産形成は非常にシンプルでしたね。

節約して、コツコツ積み立て投資して、あとは放っておく。

たった、これだけです。

とはいえ、最初の一歩目が難しく感じられる人もいるでしょう。「お金は貯めたいけれども、節約したくない」。こうした矛盾したことを考えてしまうのが人間でもあります。

私も気持ちはわかります。若いころは好きなことにお金を使いまくりたい衝動にかられた経験はあります。

では、なぜ、今はできるのか。それは簡単です。

この本の最初に、みなさんにお伝えしたことを思い出してください。

自分にとって幸せとは何かを突き詰めたからです。

私の場合はカナダにきて、カナダ人の生活をみて、自分や家族の健康と娘の教育が幸せの大きな柱になりました。もちろん、やりたいことはあります。見てみたい景色もたくさんありますし、世界中の本が読みたいです。そのためには1日でも長く健康である必要があります。

STEP3でもお話ししましたが、そこには惜しみなくお金を使います。そして、そこ以外にはほとんど使いません。

私の尊敬する人の中には何億円も自由にできるお金があるのに、質素な暮らしを送り、家族との旅行にしかお金を使わない人もいます。ロイヤル・バンク・オブ・カナダ時代のクライアントもお金がある人ほど、日常生活に無駄なお金を使わない傾向がみられました。豪邸に住んでいる人もいましたが、それは不動産投資の一環でした。

彼らは自分のお金の価値観がしっかりしているから、お金があっても無駄遣いしません。自分にとってのお金の価値観が定まると、お金は自然と増えていきます。無駄な買い物が減り、お金が手もとに残るようになるので、お金にまつわるストレスがなくなります。投資に回せば、さらにお金が貯まります。自己成長や自己実現に時間もお金もケチらずに使えるようになり、幸せになれる可能性は高まります。自分にとっての幸せがさらに明確になって、余計なものをますます買わなくなり、最高の幸せのサイクルが生まれます。

私も私のクライアントたちもこういった価値観の部分から自分を見直すことで、お金の悩みから解放されて、未来への期待にあふれた暮らしを送っています。

節約しようという意欲と挑戦は、自分自身の価値観を見つめ直す格好の機会にもなりま

す。何が自分にとって本当に大切なのかを再確認し、自分の人生の方向性を定められます。より充実した人生を送れますので、ぜひ実践してみてください。

資産形成に特効薬はない

SNS上では、「楽して、1年で億の資産を築く」というような方法が盛んに宣伝されていますが、あなたの周りに成功した人はいますか。資産形成に特効薬はありません。ただ、失敗する確率を限りなくゼロに近づける方法はあります。それがSTEP2で伝えたアメリカ株に連動した投資信託にコツコツ投資する方法です。

仮に頑張って節約して、毎月5万円を家族で積み上げて、S&P500に連動した投資信託を年利平均7%で運用したらどうでしょうか。20年で2537万円、30年で5847万円、そして40年では1億2000万円を超えます。いつのまにか「億り人」は決して夢ではありません。誰にでもできる再現性の高い資産形成です。

みなさんがお金に不安があるのは、お金と向き合ってこなかったからにすぎません。

少しの勉強で仕組みを正しく理解できれば、不安はとたんに小さくなるはずです。

お金の不安に駆られ、残業でお金を増やそうとして、ストレスのあまり逆にお金を使ってしまったり、宝くじを買ったり、ギャンブルで大損したりして幸せから遠のいてしまうのです。

そうした状態では、人生の大事な時間の大半を使って仕事をいくら一生懸命に頑張ったところで、お金の不安から抜け出せません。

お金の知識を持つことで、節約、積み立て投資のサイクルが回せるようになり、気づいたら日常生活でお金に困ることはなくなります。

そのサイクルさえ頑張ってつくれれば、あとは伸びしろしかありません。

本業で成果を出したり、副業や週末起業を始めたりして、積み立て投資で積み立てる金額を少しずつ増やしましょう。

先ほど月々5万円積み立てた状態でシミュレーションしましたが、仮に夫婦で働いて節約を頑張ったり、副業で少し収入を増やしたりして**月20万円積み立てられたら、年利7%**

の運用では10年で約３４００万円、20年で１億円を超えます。30年では２億３０００万円を超えます。

もちろん、これは過去の実績による数字であり、将来を保証したものではありません。しかしながら、米国経済が極端に劣化しない限り、ここから大きく外れるような数字にはならない可能性が高いです。お金と向き合うことで、必ずお金に不安のない将来を手に入れることができるはずです。

複利の効果もそうですが、世の中には学校で教えてもらえない仕組みが少なくありませんでした。金融教育の導入も次第にスタートしていますが、これまでの日本ではお金の仕組みについてはあまり知られてこなかったのが実情です。

でも、みなさんもこの本を読んで気づいたのではないでしょうか。

仕組みを知るだけで、人生で得することがたくさんある。
むしろ、知らないために損することがこの世の中には多すぎる。

STEP1でお伝えしましたが、日本はセーフティーネットが何重にも用意された国です。働けなくなったり、障害を負ったりしても食べていけます。みなさんは税金が高いと感じているでしょう。その分、万が一の時にみなさんを支えてくれる制度が日本にはたくさんあるのです。

あなたが仕組みを知らなければ、活用することもできません。

私たちの住む資本主義社会では、みなさんにお金をなんとか使わせようとする仕組みが溢《あふ》れています。そして、企業や国や自治体は可能な限りお金は払わないような仕組みも巧妙に仕掛けています。

無防備なままに生きていると、お金をひたすら使わされて、何ももらえない社会ともいえます。

この世の中は仕組みを知っている人と知らない人とでは毎日少しずつ差が生まれ、未来も大きく変わります。

無駄な保険に入らず、お金を貯めながら、あるいは給付金をもらいながら、新しい資格を取ることもできます。

親に資産がある家庭に育った子どもの方が、豊かに生きるための知識や方法論を吸収しやすい環境にあることは事実でしょう。そうでない人たちは、私も含めて「負け確定」のしんどい人生を送らなければいけないのでしょうか。

そんなことはありません。自分の人生は諦めたくないですよね。自分で道を開くのみです。

私も本や仕事を通じて、海外や日本の成功者や富裕層とつながれてさまざまな知識を得ることができました。英語のスキルやＭＢＡを取得して人生を変えました。

あなたの人生は１回きりです。

知ることは、本当に大切です。

幸せな人生のために

お金をそこまで必要としない幸せの形も世の中にはたくさんあります。

そうはいっても、おそらく大半の人にとっては、お金に不安のない状況は、幸せに直結するものでしょう。

資産があれば、人生の選択肢を増やすことができます。

例えば、自己投資です。

私は節約の重要性を説いてきましたが、絶対に削ってはいけないのが自己投資です。

英語ができる人とできない人で得られる情報量や人間関係には、圧倒的な差が生まれます。同じ仕事をしていても、英語ができれば年収が倍以上になることも珍しくありません。

私も英語にトータルで数百万円は投資しましたが、50倍ぐらいになって返ってきています。

そして、このリターンはこれからもずっと増えていきます。

「節約は欠かせない」といいながらも、自己投資をしないのは自分の未来を信じていないのと同じ意味です。

自己投資をしないということは、「自分の未来には希望がありません」と言っているのと変わりません。

今の時代は「頑張っても無駄」「努力は意味がない」などという声があちこちから聞こえてきます。「日本は終わっている」と声高に叫ぶ人もいます。

でも、周りが「諦めろ」「やめてしまえ」と言ってくる時代だからこそ、自分から諦めないでください。人生を降りないでください。そのためにも、自己投資を惜しまないでください。

たまに、「現代はインターネットでググれば、ほとんどの情報は無料で手に入る」といっている人がいます。確かに、時間をかければ可能でしょう。

ただ、そういう人は、一から自分で調べる時間に膨大なコストを支払っていることに無自覚と言わざるをえません。

例えば、情報が分かりやすくまとまった本はいくらするでしょうか。2000円もしない本が大半です。

もし、それらを個人的に調べたら、数十時間はかかるはずです。内容が正しいかどうかを調べ始めたら、もっとかかるかもしれません。あなたの時給を考えたらどちらが結果的に得かは一目瞭然《りょうぜん》です。

同じように語学や専門知識を学ぶ際にも、語学の学校や専門資格の予備校に通った方がメリットは大きいでしょう。独学が向いている人もいますが、大半の人はプロに教わった方が効率的に学べるはずです。長い人生の中で資格取得で得られるリターンを考えたら、授業料は微々たる額になるはずです。

私が金融業界15年の経験で1000人以上のクライアントと接してきて、すべてを自力で調べたり取り組んだりする人で金銭的に成功している人は、皆無に近い印象です。

もちろん、自力で突き進んで成功を収めた人もいますが、そうした人たちの多くは「すごく遠回りした」「すぐに自己投資するべきだった」と後悔の念を口にします。

時間は誰に対しても平等に与えられています。お金があろうとなかろうと1秒は1秒ですし、1分は1分です。お金持ちだからといって、1日は25時間になりません。

ただ、誰かに任せることで自分の時間は増やせます。ですから、時間を買えるのならば私はお金を惜しみません。何かあれば自分で対応するのではなく、専門家を雇うようにしています。そのおかげで圧倒的に多くの時間を節約できていますし、結果的にお金として多くのリターンも得られています。そのためにも、資産はあるに越したことはありません。

自己投資というと知識やノウハウにフォーカスされがちですが、これからは健康面でも重要になってきます。

ジムに通ったり、サプリメントを摂取したり、自分の健康に投資することで元気に長く働ける可能性も高まります。結果的に、将来に得られるお金も多くなるはずです。

資産があれば、子どもがいる人は教育費も惜しまず、投資できます。子どもには無理のない範囲で十分な教育を受けさせてあげる方が、結果的に子どもにお金を稼ぐ力をつけることになります。

14～15年前、私が日本で働いていたときに「子どもに勉強をさせても将来なんの役にも立たないから、うちにとっては、塾も進研《しんけん》ゼミも金の無駄だと思っています」というクライアントがいました。

おそらく、みなさんの中学、高校の学生時代の友人の中にも「勉強なんてしたって意味ない」とうそぶいていた人がいませんでしたか。でも、そんな威勢のいいことを言っていた人たちの今はどうでしょうか。

私は勉強しないと満足な就職ができないといっているわけではありません。そもそも職業に貴賤《きせん》はありません。ただ、勉強することで、職業の選択肢が間違いなく増えます。勉強した人の中には多くの選択肢から結果として、勉強があまり必要なかった仕事を選ぶ人は少なくありません。ただ、それはその仕事しか選べなかった人の人生とは大きく異なります。

教育は間違いなく子どもの将来の選択肢を広げてくれます。

ロイヤル・バンク・オブ・カナダ時代のプライベートバンキングの富裕層のクライアントは、自分達が教育の恩恵でお金として数字で見えるリターンを受けてきていることに非常に自覚的でした。ですから、子どもへの教育費を「投資」とたとえる人がほとんどでした。

親が見栄《みえ》を張りたい、自慢したいという理由で子どもが望んでいる以上の教育を受けさせる必要は全くありません。でも、子どもが望むならば、望む教育を可能な限り受けさせてあげるべきでしょう。

資産があれば選択肢は広がります。海外移住もできますし、会社を辞めて起業もできます。待遇がダウンしてもやりたいことを重視して転職もできますし、大学に戻って学び直しも可能です。

転ばぬ先の杖《つえ》ではありませんが、転ばぬ先の資産形成です。

自分らしい幸せを実現するためにも、資産はお金の不安のない人生を送ることにつながり、資産を形成するための習慣こそが、素晴らしい人生をつくりあげていくための強力な武器になります。

おわりに

「幸せになる」というと、日本ではこれまで、「お金を気にせずに自分の好きなことをトコトンやる」か「お金持ちになる」かのどちらかのイメージを浮かべる人が多かったのではないでしょうか。

確かに、お金は重要です。ただ、お金があればあるほど、必ず幸せになれるわけではありません。お金持ちが死ぬ間際になって、「やりたいことを全くやれなかった」と後悔する話は、昔からよく耳にします。

一方、本書でも示しましたが、幸せとお金は脳科学的にも関係性があります。

四畳半でカップラーメンを毎日食べて夢を追いかける人生は、やはり続きません。

「全くないと不幸になるけれども、それがあるだけでは幸せになるとはかぎらない」

それがお金です。

私は本書で、「自分の幸せを実現しながらも、お金に不安のない人生をいかに送るか」についてお話ししてきました。そして、それは決して夢物語ではありません。やり方さえ間違わなければ、誰にでも、いつからでも始められます。

重要なのは、優先順位のつけ方です。

お金ばかりを追い求めず、**まずは自分の幸せの形を明確にします。すると、自分の幸せに関係のないことにお金を使うのが馬鹿らしくなり、自然と支出も減ります。支出が減れば、お金が貯まります。それをコツコツと積み立て投資し続けて、あとは放ったらかしにしておけば、いつのまにか億の資産ができていても不思議ではありません。**

最初に1度積み立て投資の設定をして、あとは自分の収入が増えたタイミングで積み立て額を見直すだけです。それだけでまた、複利で資産の増えるスピードが上がります。

お金の積み立ては、まさに幸せの積み立てでもあります。

資産に余裕ができれば、ますます自分の好きなことに打ち込めて幸せの形もはっきりします。そうすると、さらにお金を使わなくなって、お金が貯まり……と「幸せのサイクル」が回り出します。

本書では、その実現のために実践したライフハックも紹介しました。みなさんも、こうしたハックを取り入れることで幸せのサイクルをより速く回せるようになるはずです。

人生に正解はありません。答え探しをしても答えはどこにも転がっていません。

自分なりの答えを出すしか幸せになる道はありません。

1回きりの人生です。

横並び意識や世間の同調圧力からいち早く抜け出しましょう。

ぜひその一歩を踏み出し、あなただけの「幸せのサイクル」を回し始めてください。

2023年8月

品田　一世

本書は書き下ろしです。

本書でシミュレーションを行った投資の運用実績につきましては、手数料や税金について考慮しておらず、運用成果を必ずしも保証するものではありません。
投資には一定のリスクがともないます。売買によって生じた利益・損失については、執筆者ならびに出版社は一切責任を負いません。投資は必ず、ご自身の責任と判断のもとで行うようにお願いいたします。

品田一世

（しなだ　いっせい）

1984年生まれ、神奈川県出身。海外で活躍するファイナンシャルプランナー。Canadian Flower Inc.代表。リカレント市民大学客員教授。Twitter（現X）では「イッセイ」として発信している。日本の大学在学中はプロキックボクサー。三菱UFJモルガン・スタンレー証券を経て、渡米。ニューヨーク工科大学大学院にてMBA取得。ロイヤル・バンク・オブ・カナダを経て、バンクーバーでファイナンシャルプランナーとして独立。2023年7月よりクアラルンプール在住。極真空手カナディアンチャンピオンシップ70キロ級で13年、16年王者に。趣味は投資とアウトドア。

Twitter（現X）：@isseicanada

YouTube「海外バンカーいっせいマネー講座」
youtube.com/@isseyshinada0801

“カナダ式《しき》”で幸福度《こうふくど》も資産《しさん》も増《ふ》え続《つづ》ける！

いつのまにか億《おく》り人《びと》になれる

超《ちょう》マネーハック

2023年９月22日　初版発行

著者／品田《しなだ》一世《いっせい》

発行者／山下直久

発行／株式会社KADOKAWA
〒102-8177　東京都千代田区富士見2-13-3
電話　0570-002-301（ナビダイヤル）

印刷所／大日本印刷株式会社
製本所／大日本印刷株式会社

●お問い合わせ
https://www.kadokawa.co.jp/（「お問い合わせ」へお進みください）
※内容によっては、お答えできない場合があります。
※サポートは日本国内のみとさせていただきます。
※Japanese text only

定価はカバーに表示してあります。

ISBN 978-4-04-606511-7　C0033